U0754366

犯罪心理分析

李娟娟（知名心理作家）◎著
京师心智（专业心理教育机构）◎组编

台海出版社

图书在版编目（CIP）数据

犯罪心理分析 / 李娟娟著 . — 北京：台海出版社，
2018.5（2024.3 重印）
ISBN 978-7-5168-1836-7

Ⅰ . ①犯… Ⅱ . ①李… Ⅲ . ①犯罪心理学—通俗读物
Ⅳ . ① D917.2-49

中国版本图书馆 CIP 数据核字（2018）第 076570 号

犯罪心理分析

著　者：李娟娟

责任编辑：高惠娟　贾凤华
责任印制：蔡　旭

出版发行：台海出版社
地　　址：北京市东城区景山东街 20 号　　邮政编码：100009
电　　话：010 — 64041652（发行，邮购）
传　　真：010 — 84045799（总编室）
网　　址：www.taimeng.org.cn/thcbs/default.htm
E — mail：thcbs@126.com

印　　刷：三河市嘉科万达彩色印刷有限公司
开　　本：710 毫米 ×1000 毫米　1/16
字　　数：178 千字
印　　张：14
版　　次：2018 年 5 月第 1 版
印　　次：2024 年 3 月第 2 次印刷
书　　号：ISBN 978-7-5168-1836-7
定　　价：59.80 元

版权所有　侵权必究

前　言

为了将别人留在身边，他会杀死对方并与尸体为伴；

为了怀念逝去的母亲，他杀掉与母亲年纪相仿的女性并做成了人皮大衣；

带给人们快乐的小丑手中却攥着滴血的屠刀；

一个有着天才智商的巨人为何成了女大学生杀手？

名校的教授为何会归隐山林，并用炸弹向社会宣战？

本书聚焦于罪犯中一个最令人毛骨悚然的群体——连环杀手，通过对连环杀手成长经历、犯罪过程的梳理，挖掘其扭曲、阴暗的内心世界，为读者呈现"连环杀手是如何炼成的"。通过对连环杀手的心理分析，我们认为以下几点值得注意：

很多连环杀手都有一个悲惨的、令人不忍直视的童年。他们忍受着来自父亲或者母亲的虐待，家庭生活中充斥着争吵和暴力，或者父母本身就罪行累累、放荡不羁。正是这种混乱的成长环境造成了连环杀手内心的扭曲和精神的变态，为他们日后的暴行播下了罪恶的种子。埃德蒙·肯珀就是一个典型的例子，他从幼年到成年，一直承受着母亲的精神虐待，而他的罪行就是对母亲的反抗和报复。这个智商高达 136、身高两米多的天才巨人从杀死祖父母开始，进而把屠刀指向了年轻的女孩，这些不过是他杀死母亲的预演。当他鼓足了勇气的时候，终于走进了母亲的卧室，实施终极的报复。

连环杀手并不一定是我们想象中那样面目狰狞、衣衫褴褛，混迹于社会的底层，甚至居无定所，四处流浪。他们当中的一部分人有着正当的职业，完整的家庭，甚至在旁人看来为人友善、风趣幽默、乐于助人。可是，当我们揭开他们的面具，看到的却是一副魔鬼的面孔。例如小丑盖西，他有自己成功的事业，还扮演小丑，参加慈善活动。如果不是罪行暴露，谁会想到一个这样的成功人士会夺走几十条无辜的生命。

有一种现象令人费解，连环杀手常常拥有大量粉丝，尤其受到女粉丝的追捧，甚至有人自愿与身陷囹圄的连环杀手结婚。或许是连环杀手身上映照出了每个人内心的阴暗面，他们散发着的危险和死亡的气息令人们兴奋不已，欲罢不能。总之，对连环杀手内心世界的透视，将为我们呈现一道另类的风景，也将触发人们对于人性、对于家庭、对于社会的深深思索。

目　录

第一章

邪教组织的控制者——查尔斯·曼森

　　FBI犯罪心理专家认为，像曼森这样的以报复为目的进行杀人活动的凶手，一般都是比较容易冲动和性情暴躁的，这点从曼森在接受审判时企图袭击法官就可以看出。因为凶手在杀人时是基于报复的心理，所以并不会对被害人感到内疚，很快就会进行下一次的杀人行动。

　　2014 年，查尔斯·曼森这个已经 80 岁的杀人魔和一名年仅 25 岁的美女阿弗顿·伯顿结婚了。曼森因谋杀罪被逮捕入狱后，获得了一大批疯狂的粉丝，这些粉丝每天都会给曼森写信，尤其以女粉丝居多，与曼森结婚的伯顿就是他的疯狂女粉丝之一。伯顿从 19 岁时就开始崇拜曼森，开始只是和曼森保持通信，为了能拉近与心上人之间的距离，伯顿便搬到科克伦监狱附近居住，与曼森保持联系的同时，还时不时地探监。伯顿和曼森很快就坠入了爱河，想要结婚。最终，美国加州刑事局同意两人结婚。在伯顿的父亲得知女儿要嫁给杀人魔曼森的消息后，声称这简直就是一场噩梦，并且表示自己绝对不会参加这场婚礼。

　　与许多杀人魔一样，曼森的童年生活过得十分痛苦。曼森出生的时候，他的母亲凯瑟琳·马道克斯还只是一名年仅 16 岁的未婚少女。还是孩子的凯瑟琳必须得担负起照顾婴儿的职责，可是凯瑟琳显然并不知道母亲这个身份的职责所在。也就是说，婴儿期的曼森并没有获得周到的照顾，而这恰恰是连环杀手所共有的特征之一。不久后，凯瑟琳和一个名叫威廉·曼森的工人结婚了。这段婚姻并没有给曼森提供一种安稳的童年生活，凯瑟琳显然依旧没能履行一个母亲应承担的责任。

　　在曼森的回忆中，他的母亲不仅是个不负责任的母亲，同时还是一个酒鬼，甚至为了一桶啤酒，把曼森送给了一名没有子女的酒吧女服务员。对于每个人来说，母亲在幼年时期都扮演着相当重要的角色，据 FBI 行为科学部的研究，连环杀手与其母亲之间的关系一般都不好，甚至可以说很糟糕。

　　后来，曼森便被叔叔接走，并和叔叔、叔母生活了一段时间。在这期间，曼森的母亲一直在服刑，刑满释放后，母亲就接走了曼森，并且在一处废弃的旅馆内安身。在曼森的记忆中，这段时间是他与母亲最亲密的时候，曼森也十分享受母亲偶尔给予的拥抱。可是好景不长，凯瑟琳很快就意识到曼森是个累赘，并想为曼森找到一个合适的收养人家，但并未成功。最终，曼森被强行安置到印第安纳州特雷霍特的吉尔伯特男校学习、生活。

曼森十分不喜欢那里，并成功逃脱。曼森找到母亲，表示希望能和母亲一起生活，但却遭到了凯瑟琳的拒绝。

这时，曼森就开始依靠自己讨生活，他选择了盗窃。曼森成功盗窃了一家食品杂货店，获得了一笔钱，他便拿这笔钱为自己租房。曼森在盗窃自行车的时候失手了，随后便被送到了印第安纳的一所少年管教中心。因没有监护人，曼森便被安置到"男孩城"。那里的生活对于曼森来说是难以忍受的，很快曼森就逃了出来，开始抢劫营生。但不久他又被抓住，并被送到印第安纳男校。曼森和几个同伴经过努力，再一次成功逃出来。后来，曼森表示，自己之所以接二连三地从男校逃出来，是因为在那里遭受了性虐待。

获得"自由"的曼森便开始和另外两个未成年人一起进行偷窃。他们成功偷了一辆汽车，并开着这辆车对沿途的加油站下手。后来，曼森等人因为触犯了联邦法律而被送到华盛顿国家培训学校。在这里，曼森一待就是4年。

在这所学校，曼森参加过几次测试，包括智商和人格测试。测试的结果显示，曼森虽然是个文盲，但是智商却很高，并且具有反社会倾向。许多连环杀手的人格特征都是变态或反社会的。在一次假释听证会快要开始的时候，曼森却在鸡奸一名男孩，还差点儿杀死了他。从此之后，曼森就变成了被重点关注的危险人物。但很快，曼森就开始洗心革面，不仅不再做出违法行为，甚至还养成了良好的生活习惯，他成为学校的一名模范。良好的表现让曼森获得了假释。

后来，曼森认识了一名医院女工作人员罗莎莉，两个人相处得十分愉快。为了维持生计，曼森除了干一些零活之外，依旧进行偷窃。当曼森开着自己偷来的车载着怀孕的罗莎莉前往洛杉矶时，被控告触犯了联邦法律。曼森在接受了精神评估后，被判处5年缓刑。不久之后，曼森便又被拘捕了，并判处了3年监禁。在曼森服刑期间，罗莎莉生下了他们的孩子，并和曼森的母亲一起探望曼森。后来，探望曼森的人就只剩下他的母亲了，曼森从母亲那里得知，罗莎莉有了新欢。在距离假释听证会不到半个月的时候，曼森突然偷了一辆车，逃走了。这样一来，假释是不可能了，曼森还被判处了 5 年监禁。

1958 年，曼森在获得假释后，便彻底斩断了与罗莎莉的关系，并且和一名 16 岁的妓女勾搭上了。随后，曼森因为种种违法犯罪行为而屡次被逮捕入狱。曼森本人也声称，他已经把监狱当成了自己的家。在监狱中，曼森和一名因抢劫银行被捕入狱的犯人学习弹奏吉他。

在曼森重新获得自由后，便前往旧金山，在那里结识了一位在加利福尼亚大学当图书管理员的女性，并且很快开始了同居生活。

十九世纪六七十年代的旧金山是嬉皮士的天下，在那里许多年轻人都是嬉皮士，每天在旧金山的街头流浪，用这种行为来反对民族主义和越南战争，强烈谴责美国中产阶级的价值观，不屑于接受美国传统的宗教文化。这些自称嬉皮士的年轻人会疯狂地追求精神上的自由，轻蔑物质追求，甚至还选择吸食毒品的方式来追求所谓的精神解放。在许多美国人的眼中，嬉皮士不过是小孩子的小打小闹而已，是一种不成熟的表现。

但曼森却改变了美国人对嬉皮士的看法。曼森不仅成了这里的嬉皮士，甚至还爬上了领袖的位置，赢得了许多年轻的追随者，尤其是年轻女性。后来，曼森便和几个他的追随者一起在美国开始流浪，他们乘坐的交通工具便是被改造过的校巴，他们自认为这辆被改造过的校巴颇具嬉皮士风格。在旅行的过程中，曼森家族——这个以曼森为首的杀人组织已经初具规模。

曼森之所以能建立曼森家族，除了音乐和演讲这两个法宝以外，曼森还十分擅长利用毒品和性作为控制追随者的手段。曼森在进行演讲的时候，会让组织成员们吸食致幻剂，然后便开始发表自己的洗脑言论，在致幻剂的作用下，这些成员自然很容易被曼森说服，甚至变成曼森的疯狂追随者。曼森十分喜爱年轻漂亮的姑娘，凡是加入这个团体中的年轻女性，都必须和曼森发生性关系。

曼森不仅非常喜欢披头士的音乐，还进行音乐创作。曼森出版发行了一张十分著名的音乐专辑——《白色专辑》。在这张专辑中，有几首比较著名的歌曲，例如《革命》《小猪们》和《黑鸟》，等等。曼森宣称自己就是耶稣转世，而曼森喜欢的组织成员则是先知。曼森认为，《革命》这首歌曲代表着革命时代的到来；《小猪们》这首歌曲则象征着被颠覆的统治阶级；《黑鸟》则象征着崛起的黑人。

曼森的音乐才华得到了一个名叫威尔逊的人的赏识，这个人不仅出钱让曼森搞音乐，甚至还把曼森介绍给了他在娱乐圈的熟人。曼森和他的组织成员还搬进了威尔逊的家中居住。

后来曼森家族被迫搬出威尔逊的家后，就找到了一处废弃的农场作为基地。这个时候，没有了经济来源的曼森只好寻找新的谋生方式。曼森命令家族成员在这里干活，甚至还要求一名成员和年近80岁的农场主发生性关系，从而获得免费在农场居住的权利。

曼森想要策划暴动，但这需要金钱，于是他就派家族成员向一名毒贩子索要金钱，但却遭到了毒贩子的拒绝。不久之后，这名毒贩子便被发现死于好莱坞的家中，是被人开枪射杀的。紧接着，曼森就把目标转移到了一位熟人身上，并打发几个家族成员向这位熟人索要金钱，在遭到拒绝后，曼森不仅绑架了这个人，还亲手割下了对方的耳朵。后来这个人也被曼森家族的成员杀害，并且按照曼森的意思，在案发现场的墙壁上用死者的血写下了"政治的猪"，旁边还画着一只豹爪，象征着黑豹。这两起谋杀案都未在美国引起轩然大波，曼森及其家族成员也未暴露。但是很快，曼森就登上了臭名昭著的杀手榜单，并被认为是美国历史上最疯狂的超级杀人王，尤其是曼森家族这个邪教组织，令人头皮发麻，因为这个邪教组织以杀人为主要目的。

1969年8月9日晚上，一个名叫莎朗·塔特的孕妇找来了几个好朋友，在家中举行一个小型的派对，塔特的丈夫是著名电影导演罗曼·波兰斯基，当时波兰斯基正在欧洲拍电影。谁也想不到，噩运就在这天晚上降临了，塔特和她的朋友都惨死于家中。

第二天早上，塔特家的保姆温妮像往常一样来上班。温妮立刻发现车道上停着一辆陌生的白色轿车。接着，温妮像往常一样从屋子的后门进去，当她走进厨房时，看到地上有一部被剪掉电线的电话。温妮把电话捡起来放好后，向起居室走去，结果发现前门居然开着，然后温妮就看到了大量鲜血，外面的草坪上好像躺着一具尸体。温妮害怕得往回跑，结果却发现白色轿车里好像也有一具尸体。温妮就赶紧找邻居求助并且拨打了报警电话。

警方在接到报警电话后，立刻赶到了案发现场。警方在白色轿车内发现了一位因中枪而身亡的青年，尸体浸泡在鲜血中。别墅前面的草地上也有两具尸体。其中一具尸体是个 30 多岁的白种男性，尸体被凶手摧残得面目全非，一共身中 51 刀，死得最惨。另外一具尸体是位女性，身中 28 刀而死。

当警察走进别墅时，看到了一名孕妇，这便是塔特，身中 16 刀，因流血过多而死亡。塔特的颈部还被一根从天花板横梁上垂下来的绳子紧紧缠绕着，绳子的另一端则缠绕在另一具尸体的颈部，死者为男性，同样浸泡在鲜血中。

紧接着，警察便对现场进行了勘察，并没有发现财物被抢劫的迹象。让警察印象最为深刻的便是凶手在墙上写了一个"猪"字，经检验，这是用死者塔特的血写成的。

遭殃的不止这一家，就在塔特等人遇害的当晚，距离这幢别墅几十公里之外，一对夫妇也惨遭杀害，而被害男子则是加州一家大型连锁超市的老板。这两名死者和被害的塔特等人一样，都是被乱刀刺死的。警方发现，被害男子的脖子处还被插上了一把餐刀。同样的，凶手用被害人的鲜血在墙上写下了三行字："猪崽子们去死吧""起义"和"旋转滑梯"。

这两起凶杀案立刻引起了人们的广泛关注，登上了所有报纸的头版。一时间，人们变得恐慌起来，唯恐自己成为凶手的下一个目标。为此，警方不得不调动所有的警力，以求尽快把凶手缉拿归案。但是经过了两个多月的调查，案情依旧毫无进展，根本没有嫌疑人的任何踪迹。

这时，另一起谋杀案引起了警方的注意，警方认为这起谋杀案与塔特等人被害有着密切的联系。被害人是一名毒贩子，警方在抓住了嫌疑犯之后，通过审讯缉拿了一名叫苏珊的女孩。苏珊是个嬉皮士，并且和许多嬉皮士过着群居的生活，他们居住在一处废弃的农场里。警方通过调查得知，这个嬉皮士的群体还有一个领袖，即曼森。最终，警方以偷车的罪名逮捕了所有人，包括曼森在内。

由于苏珊是一起谋杀案的嫌疑人，所以便被转移到了洛杉矶女子监狱中。与苏珊住在一起的是个名叫龙尼的妓女。这两个人相处得不错，在一次闲聊中，苏珊告诉龙尼，自己曾经参与了谋杀塔特等人的行动。后来，龙尼便把这一切告诉了监狱长。与此同时，警方还在案发现场发现了苏珊丢失的刀，后经证实，这把刀就是苏珊不小心遗失在塔特家中的。

除了苏珊之外，曼森这个嬉皮士的领袖也受到了警方的格外重视，警方开始调查曼森。调查结果显示，曼森及其所领导的曼森家族有着重大的嫌疑。关于曼森的杀人动机，警方认为曼森这么做只是想挑起黑人的暴动，把这几起谋杀案都栽赃到黑人的头上。

在案发现场的墙壁上都写着"猪"等具有侮辱性的文字，而且被害人都是白种人。据目击者的证词，在杀害塔特等人的当晚，曼森等人还杀害了一对夫妇，并把抢来的钱包扔在了一条黑人居住的街道上。曼森这么做，就是想让黑人捡起钱包，并使用钱包里的信用卡，从而成功嫁祸给黑人。曼森还让手下把另一个钱包藏在了一处黑人经常出没的公共场所的女洗手间里。曼森一方面想要把这些谋杀案嫁祸给黑人，另一方面还想利用这些谋杀案，让黑人在被冤枉的愤怒之中，发起暴动。

紧接着，关于曼森等人的审判开始了，这场审判一共持续了9个多月，是当时美国历史上最浪费钱的诉讼案件。由于这起案件影响比较大，公众都比较关心这场审判，所以整个审讯过程都是面对镜头的，所有美国人都可以在家收看有关审判的报道。

作为被告人之一的曼森，似乎并没有把这当成是一个受审的过程，而是把法庭当成了自己作秀的舞台。在第一次受审时，曼森在自己的额头处弄了一个X形的疤痕，还声称"无力为自己进行辩护，因为已经将自己判出了世界之外"。另外3名嫌疑犯不仅效仿曼森，也在自己的额头处弄了一个X形的疤痕，每次出庭前还会精心打扮一番。

最让法官感到头疼的还有曼森家族的其他成员，这些人也十分关心这场审判，每天都会在法院附近徘徊。为了让这些人远离法庭，检察官不得不传唤他们，让他们做潜在的目击证人，这样，其他证人在法庭上作证的时候，就不会受到这些人的干扰。这些曼森家族的成员在得知曼森在受审时额头上有个X形的疤痕后，也纷纷效仿，在自己的额头处弄了个X形的疤痕。

曼森家族的成员还展开了对证人的报复，一名证人在自己的车里遇到了火灾，而这场火灾极有可能就是曼森家族的成员所为。另外一名证人在法庭上证实，自己曾听到过曼森家族成员讨论塔特谋杀案。结果，这名证人在夏威夷时被人暗算，吃了一个被掺入了一定剂量致幻剂的汉堡。这名证人很快被送进了一家戒毒中心，但却陷入了半昏迷状态。后来这名证人被送进医院接受治疗，在清醒后他表示愿意出庭指证曼森及其家族成员。

在接受审判的过程中，曼森甚至还试图跳过防护栏去袭击法官，却被法警及时制止。后来曼森便和另外几名女被告一起离开了法庭，离开时还一起吟唱拉丁文歌曲。

在庭审结束后，便开始了最终辩护。这时出现了一个意外，一名律师在一次周末休假时消失了。这名律师的尸体在判决的当日被发现，已经严重腐烂，很有可能是被曼森家族杀害的。最终，曼森等5人被判处死刑。可是在第二年，美国联邦法院却宣布废除死刑，曼森等人便被改判终身监禁。尽管曼森被关进了监狱，但是他的影响并未消失，每天都能收到粉丝的来信。据说，曼森是迄今为止美国历史上收到信件最多的囚犯。

虽然曼森被关进监狱的罪名是杀害了塔特等人，但实际上曼森的罪行远不止这些。警方一直怀疑曼森及其家族成员还谋杀了更多人。有目击证人说，他们曾经看到过一些年轻人穿过沙漠，到达过农场，但却再也没有出来过。曼森家族成员也在狱中谈论过沙漠中杀人的经历。

后来，有一个调查小组专门到曼森及其家族成员的窝点农场进行了搜查，这个调查小组的成员除了警察和警犬之外，还有两名研究人员和一名金矿勘探者。其中金矿勘探者曾经是曼森在农场的邻居，对农场和曼森的活动轨迹比较熟悉。结果警方通过警犬追踪到了一些被害人的尸体，并对这些尸体进行了分析。此外，调查小组还发现了两个不知名的墓地，研究人员告诉警方，这些墓地下面埋着一些东西，很有可能就是被害人的尸体。这就更加证实了，曼森及其家族成员一定杀害了更多的无辜者。

虽然曼森所谋杀的人的数量不是最多的，所采用的杀人手段也不是最残忍的，也没有出现吃人肉以及和尸体性交等令人难以接受的行为，但曼森却是名气最大的杀人魔。在美国，曼森已经成为杀人魔的代名词。尽管如此，曼森依旧有很多追随者，这些追随者甚至还为曼森申请假释，但都被当局拒绝了。后来，关于曼森的网站也渐渐出现了，例如一个名为"接近曼森"的网站，通过这些网站，人们可以了解曼森的狱中生活，曼森也会给这些网站写信。

从 2000 年起，曼森就开始拥有居住单间的权利。监狱长这么安排，是为了防止曼森伤害其他犯人。就连放风的时候，曼森也享有特殊待遇——戴着手铐和脚镣。

【犯罪心理分析】

在 FBI 内部有一个部门，专门负责分析各种案件，对犯罪分子的心理和行为进行深入分析，即行为科学部。最初，FBI 行为科学部分析犯罪分子的心理和行为，只是为了能更好地审讯犯人或和罪犯进行谈判。后来，FBI 便开始对连环杀手进行系统的分析，尽可能地掌握凶手的心理和行为规律。

曼森的杀人案件都带着很强的报复色彩。被曼森杀害的人都是白种人，而且都是美国的中产阶级，生活条件比较优越。在案发现场，还出现了具有侮辱性的文字，例如"猪"，在曼森及其家族成员的眼中，这些处于中产阶级地位的人是可憎的，应该被杀死。

FBI 犯罪心理专家认为，像曼森这样的以报复为目的进行杀人活动的凶手，一般都是比较容易冲动和性情暴躁的，这点从曼森在接受审判时企图袭击法官就可以看出。因为凶手在杀人时是基于报复的心理，所以并不会对被害人感到内疚，很快就会进行下一次的杀人行动。曼森等人在杀害塔特等人之后的当晚，就又杀害了一对夫妇，如果曼森认识到自己的这种行为是残忍的，并且对被害人心存内疚的话，就不会在这么短的时间内再次杀人。

在案发现场，警方还发现被害人的脸部受到了重创，甚至面目全非。所有被害人都是身中数刀而亡。FBI 犯罪心理专家认为，凶手一定和被害人出现了冲突，凶手在盛怒之下，会集中攻击被害人的脸部，会不受控制地拿起手边的武器攻击被害人，例如拿着刀不停地刺向被害人。FBI 犯罪心理专家认为，此种类型的凶手通常情况下不会在案发现场留下精液，也不会强奸被害人，因为凶手的全部精力都集中在殴打和杀害被害人的过程上了。这种攻击直到凶手的愤怒消失后才会停止。在塔特被害案中，被害人可能已经被凶手一刀毙命了，但凶手并不会就此停手，而是继续刺杀对方，直到怒火平息。

FBI犯罪心理专家认为曼森之所以会走上杀人魔的道路，与他坎坷的早年经历是分不开的。曼森对其生父一无所知，他的母亲也是个不着调的盗窃犯，对曼森极其不负责。所以曼森很早就开始光顾监狱，先是在少年管教所接受改造，然后就因为盗窃等罪名在监狱中进进出出。曼森之所以能控制住一大批年轻人，让这些年轻人唯自己马首是瞻，是因为曼森很了解这些"坏孩子"的心理，用曼森自己的话说，他就是坏孩子的投射。

此外，曼森还具有表演型人格障碍的特征，例如在接受审讯时，以夸张的言行来吸引他人的注意，很容易情绪化。有一次，当家族成员把一名被害人抓到曼森面前时，曼森却突然说自己是个罪人，然后就跑开了，实际上这不过是他的自欺欺人的表演行为。表演型人格障碍通常还伴随着反社会型人格障碍特征，与当事人在其幼年时期没有得到父亲或母亲应有的关爱和照顾有密切的关系，因此通过夸张的表演来吸引他人的注意。

第二章

杀戮式的挽留——杰弗瑞·达莫

　　FBI 的研究表明，不少连环杀手都会利用毒品或酒精这些可以使人失去控制力的东西来作为犯罪辅助手段，虽然酒精具有镇定的作用，但是却可以让一个人对自己的行为失去控制，尤其是毒品这种能够让人进入极度兴奋状态的物质，更容易让人失控。FBI 通过调查发现，大多数连环杀手都会在杀人前喝酒，有的甚至会喝比往常更多的酒。

1991 年的某天，特雷西·爱德华遇到了一个相貌英俊的男子，爱德华对这名男子很有好感，便答应对方到他的家中喝酒，这名男子就是达莫，是一个恐怖的杀人魔和食人魔。当然，这些都是爱德华后来才知道的。

达莫把爱德华引诱到家中后，并没有立刻对他下手，他可能比较喜欢爱德华，于是就决定让爱德华多活一会儿，陪陪自己。后来，到了驱魔人的播放时间，这是达莫最喜欢的电影，达莫便邀请爱德华到卧室一同观看。当爱德华一走进卧室时，立刻闻到了一股难闻的味道，因为达莫的卧室里有一个塑料桶，里面则装着一些还未被处理的人的断臂残肢。后来，爱德华便注意到了墙壁上的一些照片，那些都是被害人遇害时的照片，看起来十分恐怖。

就在爱德华惊魂未定之时，达莫突然拿着一副手铐出现了，并在爱德华没有反应过来时把他铐了起来。爱德华立刻剧烈地挣扎起来，没有让达莫把自己的双手都铐住。随后，达莫就拿出了一把刀，并刺向爱德华的胸口，幸好没有刺穿心脏。爱德华一边不停地躲避达莫的攻击，并且试图逃出屋子，一边不停地哀求达莫，希望达莫能放过他。但达莫却对他说："我要把你的心脏挖出来，然后煮着吃了。不过我得先给你拍几张裸照。"说着，达莫便去寻找相机。在达莫注意力转移的瞬间，爱德华用力地撞向达莫的头部，达莫被撞倒了，爱德华立刻站起来，给了达莫几脚后，自己也倒下了，然后朝着门口处爬去。

成功逃出魔窟的爱德华发现了路边的警车，跑过去告诉警察自己差点儿被杀死。警察便立刻赶到达莫的家中，要求达莫交出手铐的钥匙，达莫十分配合地交给警察钥匙。随后，警察便到达莫的卧室寻找凶器，警察看到了一把沾满鲜血的刀。但是很快就有新的东西吸引了警察的注意，那就是墙壁上的照片，这些照片上都是人的尸体碎片，例如，有的照片上显示着一颗被浸泡在水池里的人头；有的照片上则是一具尸体从喉咙到腹股沟整个拉开，就连骨盆都清晰地显示着；有些照片则是被害人死亡之前的状态，被达莫捆绑起来，并且摆出一些令人难以入目的淫荡姿势。这两名警察立刻逮捕了达莫，虽然达莫进行了剧烈的反抗，但最终还是被警察铐住了。

令警察恐惧和恶心的还在后面，警察在搜查中发现了被装进塑料桶中的残缺尸体。当警察打开达莫的冰箱时，本能地后退了一步，并骂道："妈的，这是一颗人头！"其实冰箱里一共有三颗人头，还有一些零碎的人肉。警察还发现了一些被浸泡在瓶子里的男性生殖器。达莫的杀人案件在当地立刻引起了巨大的轰动。人们一方面对达莫的杀人行为感到震惊，另一方面则对警方的疏忽大意感到愤怒，如果警方能够履行好自己的职责，那么也就不会有那么多的人被达莫害死。

1960 年，达莫出生在威斯康星州的密尔沃基，他是父母的第二个孩子，或许是因为相貌出众，所以得到了父母的格外关爱。但是达莫的漂亮却在同龄人中给他带来了不小的麻烦，由于达莫的相貌有些像女孩子，所以周围的男孩总是对达莫进行性骚扰。这段经历对于达莫来说影响非常深刻，导致了他性取向的错乱，在他成年后，他无法进行正常的性行为，他所杀害的对象也都是男子。

在达莫 8 岁时，他随同父母搬到俄亥俄州的巴斯镇居住。当所有的孩子一起玩耍嬉戏时，达莫不仅没有参与进去，而且独自一人在自家房屋后的树林里玩得津津有味。达莫的童年和许多连环杀手一样，都是孤独的，没有朋友。在一个人的成长历程中，父母的角色很重要，伙伴的角色也同样重要，如果一个小孩子没有朋友，那么他就只能终日生活在幻想中，例如对杀戮和残害的幻想。

不过由于此时达莫的年龄还很小，不论从心智上还是从力量上而言，都不允许他把杀戮的幻想实践在人的身上，但他却可以向一些体格没有自己大的小动物下手，例如狗、猫和麻雀，等等。达莫的父母很快发现了他这种奇怪的行为，不过并未引起重视，只认为这不过是小孩子的把戏而已。如果达莫的父母充分重视达莫的这种异常行为，并对其进行正确的疏导，那么或许达莫就不会走上杀人魔的道路。

很快，达莫就像其他孩子一样开始进入学校接受教育。在学校内，达莫依旧没有朋友。在其他孩子的眼中，达莫就是个异类，面对异类，人们通常都会选择远离。孤独的达莫渴望能融入人际交往之中，他发现如果他选择和他人一起喝酒的话，那么对方就会轻易地接受他。达莫很快就对酒精痴迷起来，几乎每天都会把自己灌醉。达莫还像以前一样行为怪异，并没有刻意隐藏，因为达莫发现这样可以引起他人的注意力。达莫常常拿粉笔在教室的地板上画出人体的形状。起初达莫的同学还会感到诧异，时间长了也就习惯了，并且觉得怪异的达莫似乎脑子有问题。在学校期间，达莫的学习成绩还算不错，就是有些偏科。

达莫的家人有种族主义的倾向，但是表现得并不强烈，达莫却是个激进的种族主义者，他公开表示，总有一天他要杀掉世界上所有的黑人。后来，达莫所选择的杀人对象也都是非裔黑人和拉丁美洲人，没有白种人，而且被害人均为男性，没有妇女，也没有儿童。

达莫 18 岁时，开始了杀人。一个名叫史蒂夫·希克斯的黑人搭乘了达莫的车，达莫邀请希克斯去他家中做客，并告诉希克斯，他的家人去亲戚家了，希克斯同意了。到了达莫家中，达莫请希克斯喝了点儿酒，还边喝边听音乐。后来，希克斯对达莫说："今天有点儿晚了，改天再约，我该走了。"他的这句话让达莫有了杀人的念头，因为这样希克斯就可以永远留下来陪他了。达莫用哑铃给了希克斯的脑袋一下，并掐住他的脖子，让其窒息而死。

然后，达莫就把尸体分割成若干块，并放进了一个大塑料袋中，藏在家中。但是随着尸体的腐烂，令人作呕的气味开始散发出来。达莫为了避免家人发现，就把尸体埋在了屋后的树林中。后来达莫发现那片树林中经常有小孩子玩耍，为了避免尸体被发现，达莫又重新把尸体挖出来，这时尸体已经腐烂、分解掉了，只剩下了骨头，达莫就把这些骨头敲碎并洒在了树林中。达莫之所以在家附近处理尸体以及之后把尸体留在家中，都有这样一种动机，即让被害人以这样的方式永远留在自己的身边，包括达莫吃人肉，也存在同样的动机。

在达莫被捕后，他对第一次杀人的动机进行了回忆。达莫认为如果当时希克斯选择留下来陪他，他或许就不会杀死他。达莫认为，他只会杀死那些想要离开他的人。达莫觉得自己一直深陷孤独之中，没有人愿意永远和他在一起，就连平时他十分善待的流浪者也不愿意陪他。

希克斯的死并没有引起其他人的注意，如果不是后来达莫的交代，希克斯就这样悄然消失了。达莫很快就从这起谋杀案中恢复了正常，像往常一样继续生活，并没有杀人。但是让达莫痛苦的是他的父母居然离婚了，而且由于达莫已经成年，父母根本不必要再对达莫负责，达莫的父母就要离开他了，他要开始独自生活了。当达莫父母离婚的时候，他们并未注意到达莫的悲伤，而是在争夺小儿子大卫的抚养权。最后，达莫和父亲留在了家中，母亲带着大卫离开了。达莫选择了离开家，一段时间后带回来一个女朋友，并进入俄亥俄州立大学的哥伦布分校学习。但达莫很快离开了学校，并选择了参军。后来，达莫因为酗酒被迫离开军队，只好和祖父母一起生活，达莫想要找个女朋友结婚并组建一个家庭。但达莫总是表现出一个令人难以接受的行为，例如在公共场合露阴和小便等，甚至还为此被拘留过，但却屡教不改。

1987 年的一天，达莫遇见了一个名叫史蒂夫·托米的男性，两人相谈甚欢，便去一家汽车旅馆喝酒聊天。那天晚上，达莫和托米都喝了很多酒。喝到最后，达莫就意识不清地昏睡过去了。等达莫醒来后，发现躺在自己身边的托米口吐鲜血并且已经没有生命迹象了。常人遇到这种事的第一反应是报警，但达莫却把尸体装进行李箱并带回家。

把尸体带回家后，达莫并没有像第一次杀人时那样分解尸体，而是和尸体做爱，还当着尸体手淫。发泄完欲望后，达莫便开始用刀肢解尸体。这次的意外事件让达莫再一次体会到了杀人的乐趣，不久后达莫又杀了一个人，那是个 14 岁的男孩。后来，达莫再次杀了一个人，那个人名叫理查德·格雷罗。当时格雷罗正准备去找朋友玩，正好碰见了达莫，达莫便邀请他去家中玩，结果格雷罗一去不返。

由于达莫住在祖父母的家中，所以处理尸体只能在地下室进行。虽然达莫的祖母不知道他为什么总是在地下室待着，而且晚上时总是从地下室传来敲敲打打的声音，但是地下室难闻的气味让祖母再也忍受不了了。祖母希望达莫能独自出去住，这让达莫很伤心，认为祖母想要抛弃他。在祖母的要求下，达莫只好到外面租房子住。不久之后，达莫就因为猥亵被拘留。

从监狱中出来后，达莫便到一家常去的同性恋酒吧买醉，并在那里认识了一个名叫安东尼·希尔斯的男人。在聊天中，达莫告诉希尔斯："我经常来这家酒吧玩。如果你愿意的话可以去我家玩，我们可以尽情地喝酒和做爱，还可以拍点儿裸照。"希尔斯觉得这是个不错的建议，便和达莫一起走了。

　　起初两人只是做爱，希尔斯也没觉得有什么不对劲的。后来，达莫便端给了希尔斯一杯酒，酒中放了达莫自制的安眠药，等希尔斯睡着之后，达莫便开始动手了。达莫把希尔斯肢解后，便把希尔斯的脑袋做成纪念品留在身边，达莫把头颅放到开水中煮了煮，然后把皮肤揭下来，风干之后，达莫便把希尔斯的头颅涂成了灰色。在这次作案后不久，达莫又因为猥亵男童被判刑，法庭判他禁止和18岁以下的未成年人接触。

　　在一年以后，达莫就经受不住诱惑，继续杀人，他先后一共杀掉了12名男性。达莫的作案手段十分残忍，其中一名叫克内拉克的年仅14岁的老挝裔男孩的遭遇最为悲惨，也是完全可以避免的。当时达莫把克内拉克迷晕之后，发现家中没啤酒了，就出去买酒。其间，克内拉克迷迷糊糊醒了过来，并尽力跑了出去，当时光着身子的他肛门处还流着血。由于安眠药的药效还没有过去，克内拉克步伐虚浮，但还是找到了求救的对象。两名女孩看到克内拉克后便报警了。当时警察并未重视这件事情，只是象征性地去达莫的家中问话，虽然警察在达莫家中闻到了一股难闻的气味，但整洁的房间让警察打消了对气味的怀疑。而且达莫这个白种人也表现得十分配合，达莫还告诉警察，克内拉克已经19岁了，是他的情人，所以警察认为这不过是两个同性恋人之间闹矛盾而已，所以并未引起重视，便离开了。

　　如果当时警察对达莫的房间进行一番搜查，那么就会发现刚刚被肢解的尸体，克内拉克也就不会遇害。在警察离开后，达莫便把昏迷过去的克内拉克给肢解了，并且还把克内拉克的脑袋做成了纪念品。但是克内拉克却给那两名女孩留下了深刻的印象，女孩回家后把这段经历告诉了母亲，这位母亲便打电话到警察局询问情况，结果警察却告诉她："女士，那是个成年人，我们不能干涉对方的性取向。"后来，这两名警察甚至还拿克内拉克肛门受伤和醉酒的样子开玩笑。这两名警察不仅是白种人，而且还是种族主义者。

　　虽然达莫被捕时进行了激烈的反抗，但是却对自己的罪行供认不讳，并且老实交代了藏尸地点。最终，警方找到了16个被害人的尸体，并以16起谋杀罪起诉达莫，达莫被判处了将近1000年的监禁，他的余生将在监狱中度过。但在1994年，达莫却在监狱中被人杀害了。当时达莫和一名黑人正在打扫房间，两人起了冲突，发生了激烈的争吵，最后甚至动起手来，那个黑人抓住达莫的脑袋向墙上用力地撞去，达莫当场身亡。后来，这名黑人声称，他之所以杀掉达莫是为了替天行道，上帝不允许达莫这样的杀人狂魔继续留在世上。

【犯罪心理分析】

达莫之所以能杀掉这么多人，与当时的有色人种受歧视的大环境是分不开的。所以在达莫杀人事件被曝光后，立刻发生了抗议美国政府纵容种族主义的民众暴动。当时的美国政府在巨大的舆论压力下，不得不加重对达莫的惩罚，还把达莫单独关起来，不让他与其他的犯人发生接触。达莫看起来根本不像一个杀人魔。虽然达莫为人孤僻怪异，也因为露阴和猥亵儿童等罪名进过监狱，但达莫与其他暴戾型的连环杀手比起来，还算是温和的，最起码他没有和他人发生过冲突。

达莫在杀人时经常会借助一个道具，那就是酒，酒成为达莫必不可少的杀人工具之一。达莫首先利用酒和别人接触，然后再邀请对方回家，而且达莫还具有酗酒的倾向。FBI的研究表明，不少连环杀手都会利用毒品或酒精这些可以使人失去控制力的东西来作为犯罪辅助手段，虽然酒精具有镇定的作用，但是却可以让一个人对自己的行为失去控制，尤其是毒品这种能够让人进入极度兴奋状态的物质，更容易让人失控。FBI通过调查发现，大多数连环杀手都会在杀人前喝酒，有的甚至会喝比往常更多的酒。

除了酒精之外，在达莫这位杀人魔和食人魔的身上，还有一个十分显著的特征，那就是无法排解的孤独。不同于其他连环杀手，达莫的家庭是比较正常的，他的父母也十分喜爱他，虽然后来达莫的父母离婚了，但那时达莫已经成年。按理说，如果一个人成年了，他的父母选择了离婚，对这个人来说，应该是可以理解的，他的生活也不会受到太大的影响。但是这对于达莫来说却是难以接受的，他认为父母是想抛弃自己。也就是说，达莫算是个幸运的连环杀手，他的父母是负责的。

以往许多人都认为，连环杀手肯定出身于一个支离破碎的家庭，或者其父母有犯罪记录或患有精神疾病。但也有些连环杀手出身于一个正常的家庭，当然达莫的家庭或许只是表面上看起来比较正常而已，就像平静水面下波涛暗涌。达莫的童年生活虽然不至于悲惨，但却总是被孤独所折磨，因为达莫无法融入小伙伴的群体之中，这种状况一直持续到达莫成年。在一个人成长的过程中，父母扮演着重要的角色，同时伙伴也是必不可少的。

有一个名叫茱蒂·哈里斯的美国人曾经写过一本书，这本书在美国心理学界引起了巨大的轰动，书的名字是《教养的迷思》。这本书一经出版就饱受诟病，有人甚至说作者是在为不负责任的父母开脱。实际上，哈里斯只是为了强调同伴的作用。在这本书中，他写到了一个真实的案例，那就是二战时期被德国纳粹党关在集中营的犹太人儿童，这些儿童每天都生活在死亡的阴影中，没有成年人的照顾，但他们依旧可以健康地成长，因为这些儿童之间建立了十分亲密的联系，也就是说他们可以从同伴那里满足心理需求，虽然他们一无所有，但他们至少拥有彼此。总的来说，伙伴对一个人的心理健康而言十分重要。显然，达莫就缺少了这一环，他无法和同龄人建立起亲密的关系。达莫之所以走上杀人的道路，就是为了阻止他人离开自己。

达莫还有恋尸癖的倾向，他对尸体有着谜一样的喜爱。达莫表示，在他14岁的时候就有了杀人的念头。达莫还十分喜欢内脏的颜色，尤其是刚刚死亡的尸体所散发出来的热气，这甚至会让达莫产生性兴奋，并且和尸体性交。

达莫还喜欢吃人肉，并且认为通过这种方式，那些死去的人可以在他的身上获得重生。当然达莫不会把所有的尸体都吃掉，他只选择自己喜爱的部分，甚至还变着法儿把人肉弄得更加好吃。达莫还尝试着喝人血，但口味却不怎么样，便放弃了。后来，达莫开始喜欢上了把被害人折磨致死的方式，例如在被害人的头颅上敲开一个洞，然后往里面灌上一些盐酸，眼看着被害人被疼痛折磨而死。

达莫自己总是被一种幻想所折磨，他曾说过："我总是有杀人和吃人的冲动，根本控制不住。对此，我也十分痛苦，而且不停地杀人，杀人的冲动就变得越来越强烈，直到最后变得无法收拾。"达莫还相信魔鬼的存在，并认为魔鬼一直在影响着自己。

第三章

套在女人皮中的男人——爱德华·西奥多·盖因

　　据 FBI 的研究，如果连环杀手的母亲是霸道的，而且对孩子控制得十分严格，那么孩子就无法实现性别认同（对自己性别的正确认识）。对于一个正常人来说，他在 3 岁左右时就可以识别出自己的性别，并且知道自己的性别是稳定的，有了正确的性别认同之后，儿童就会喜欢和同性儿童一起玩耍，会自然而然地遵从内在的性别角色要求来控制自己的言行，让自己的言行更加符合自己的性别。

1957 年 11 月 16 日，这天是星期六，一个名叫弗兰克的副警长像往年一样去参加家乡的猎鹿活动，这是弗兰克最喜欢的活动。那天的天气不错，镇上几乎所有人都参加了这个活动。活动结束后，弗兰克便去看望自己的母亲，他的母亲伯妮斯·沃顿是一家五金店的女主人，镇上的人会从这家店里购买日常生活用品以及务农工具等。弗兰克发现五金店不仅没有开门，而且还没有开灯。颇感意外的弗兰克打开了店门，当他进入房间时，发现地上有一摊血，一直延伸到后门。深感不妙的弗兰克立刻报警了。

警察赶到后，立刻对案发现场进行了勘查。警察通过并不混乱的现场推断出，这里应该没有发生过搏斗。后来，警察发现收银机不见了，于是就把这起案件定性为抢劫案。但弗兰克认为母亲凶多吉少，应该已经被害。弗兰克还告诉警察，他觉得一个名叫爱德华·西奥多·盖因的男子比较可疑。因为不久前，盖因曾到店里询问过防冻剂的价格，还再三询问弗兰克是否去参加猎鹿活动。弗兰克认为，那天盖因的真实目的并不是买防冻剂，而是为了确认自己是否在猎鹿活动当天在店里。

这下，盖因就成了最有嫌疑的人。于是警方便包围了盖因居住的农场，并且从柴房进入到房间内。刚进入房间时，警察就觉得房梁上好像吊着一个东西。由于猎鹿活动刚结束，所以警察认为那可能是盖因猎获的猎物，但实际上盖因当天并未参加狩猎活动。当警察打开手电筒时，却发现吊着的是一具人的尸体，这具尸体明显被人专门处理过，没有头部，从阴部切开一直到胸部，内脏被掏干净了，看起来就好像一件人皮衣服。这具尸体就是弗兰克的母亲。

意识到不对头后，警察们立刻对盖因的家进行了地毯式的搜查。搜查的结果不仅让人震惊，更让人恶心，甚至已经超越了人类心理承受的极限。盖因的房间十分杂乱，还伴随着一股令人难以忍受的恶臭。当警方走进盖因的卧室后，看见了地狱般的可怖景象：盖因把死人的头骨作为装饰品镶嵌在床柱上。炉子上的平底锅上正放着一颗新鲜的心脏，应该是被害人沃顿夫人的。沃顿夫人的头颅则被装在一个麻布口袋里，不仅双眼紧闭，而且耳窝处已经被穿上了钩子。除了沃顿夫人被肢解的尸体之外，还有许多被精心处理过的尸体，眼前的景象更像是另类的行为艺术。

警察发现了一个怪异的汤碗，这个汤碗是用一个头盖骨的上半部分制作而成。除此之外，警察还发现了许多用人皮制作的家具和装饰物，例如灯罩、纸篓、座椅扶手等都是用人皮做的。当警察打开盖因的衣柜时，发现了一件用人皮做的大衣，胸前还有一副女性的乳腺。后来盖因交代说，他经常在夜晚穿着这件人皮大衣散步，并且还把自己想象成一个女人。

当一名警察打开厨房门后，发现了一张人皮面具，并且认出这就是被害的玛丽·赫甘。玛丽是一位中年妇女，盖因是在普兰菲尔德酒吧认识她的。盖因之所以选择向玛丽下手，是因为玛丽与盖因已经过世的母亲长得十分相像，但两人的性格却南辕北辙。后来盖因就开枪打死了玛丽，并且把玛丽的尸体带回了农场。盖因曾经告诉过一个人，他杀死了一个人并且把尸体吊在家中。但对方根本不相信，认为盖因在吹牛皮，因为在人们的眼中，盖因是个性格温顺的老实人，根本不可能有胆子杀人。

就在警察还没有从震惊中缓过神儿来时，盖因回家了。当盖因看到家中的警察后，居然对警察说，他根本不知道五金店的命案。警察也没多说，直接把盖因铐走了。经过一番审讯后，盖因交代了自己杀死玛丽和沃顿夫人的事实。但是警察对盖因的这些交代根本就不满意，因为盖因的家中有许多人的尸体零件，而这些残尸显然不可能只是两个被害人的。可是盖因却说，他对于自己所做的这些事情都记不清楚了，因为他在做这些事情的时候，大多处于恍惚的精神状态。警察相信了盖因的解释，毕竟盖因的精神状态确实显得不正常。

相对于其他连环杀手，盖因所谋害的人数量很少，但是他所犯下的毁尸、食人和恋尸癖等罪行却引起了记者们的兴趣。盖因的案件经过报道后，立刻在美国引起了巨大的轰动，并且还激发了犯罪专家的兴趣，这些专家纷纷对盖因展开研究。盖因所居住的小镇也因此成为一个旅游胜地，许多对盖因案件感兴趣的人纷纷前来参观盖因的家，但镇上的人却觉得盖因的家是个魔窟，便一把火烧掉了盖因的家。

在当地，盖因有个外号，叫"老好人艾德"（盖因的小名叫艾德）。在当地人的心目中，盖因虽然行为有些怪异，但是却让人很放心，有许多家长甚至把孩子交给盖因看管，镇上的很多孩子也喜欢找盖因玩。盖因案件发生后，警察还特意去调查当地的孩子，询问他们是否遭受过盖因的威胁，或是盖因向他们做过奇怪的事情，但都遭到了否认。不过有的家长却说，他们曾听孩子说过，在盖因的家中发现了一些奇怪的面具和萎缩的头颅。不过当时家长并未重视，只认为这是小孩子的胡言乱语罢了，没承想居然是真的。

盖因在杀害玛丽和沃顿夫人之前，一直把尸体作为自己作案的对象，总是想着法子去盗墓。至于盖因后来为什么朝着活人下手，有两种说法。其中一种说法认为死人已经无法满足盖因，所以盖因才选择朝活人下手。另一种说法认为，盖因从来没有想过杀人，他想要的只是尸体，但后来天气变冷了，挖掘尸体变得困难起来了，所以便只好杀死活人。

那么，盖因为什么会变成这个样子呢？这还得从盖因的幼年经历说起，在盖因的人生中有一个人起到了决定性的作用，这个人便是盖因的母亲奥古斯特。奥古斯特是个狂热的宗教信徒，对道德有着十分苛刻的要求，并且让自己的孩子相信"女人就是魔鬼"，禁止孩子发生婚前性行为，如果一个女人值得你和她发生关系，那么她也适合结婚。后来奥古斯特甚至要求自己的孩子发誓，要终身保持处男的身份。对于母亲的这些教诲，盖因一直牢记在心，直到临死前还是一名处男。

父亲这个角色在盖因的生命中被大大弱化了，因为奥古斯塔告诉盖因，他的父亲乔治是个无用的人，是个失败的男人，无法为盖因创造美好的未来。但同时，父亲对于盖因来说也是个恐怖的存在，因为乔治会打他。有一次，盖因在外面受到了其他孩子的欺负，跑回家向父亲哭诉。父亲不仅没有安慰他，反而痛打了盖因一顿。从那以后，盖因再也不信任父亲，并且把对父亲的这份依赖统统转嫁到母亲的身上，对母亲更加依赖。

奥古斯特认为城市中的人都是不道德的，便把家搬到了一个小镇上，为了保持孩子道德的纯洁性，奥古斯特把家安在了人烟稀少的一个农场之中。除此之外，奥古斯特还不让盖因和其他孩子玩耍。

盖因还有一个哥哥名叫亨利，亨利不仅比盖因大两岁，而且更有主见，对母亲的教育方式十分不满，甚至与母亲发生了激烈的争吵。在亨利看来，盖因对母亲的那份过分依赖之情也是不正常的。亨利的这种反抗应该算得上是一种正常的表现，但却给盖因带来了不小的苦恼。在盖因的心中，母亲是不可侵犯的存在，而亨利则是疼爱他的哥哥。但是这两个人却发生了争执，盖因都不知道自己到底应该支持谁。

后来，盖因一家人所居住的农场附近的沼泽发生了一场大火，盖因和亨利都参与了救火，但亨利却意外死亡了。警方通过调查后认为，亨利的死不是一个意外，盖因应该负有责任。因为盖因在报警时告诉警察，他在扑灭大火后找不到亨利了。但当警察赶到后却发现盖因就停留在亨利的尸体旁。经过一番深入调查后，警察排除了盖因的嫌疑。盖因虽然获得了无罪释放，但却遭到了镇上人们的怀疑，人们认为亨利就是被盖因杀死的，因为亨利触犯了奥古斯特的权威。

1940 年，盖因的父亲乔治死了。奥古斯特告诉盖因，乔治是死于他的软弱，他死后一定会下地狱。实际上，乔治是因为肺炎死的。随着年龄的增长，盖因开始打工贴补家用。盖因还做过为他人带小孩的工作，他对于这份工作十分满意，在盖因的心中，小孩子比较容易沟通。

1945 年奥古斯特的死亡，让盖因彻底陷入了痛苦和孤独之中。在奥古斯特死后，盖因便把母亲的卧室和起居室都用木板封存起来，保持着母亲生前的模样。在警察因为沃顿夫人的死调查盖因的家时，就发现了这个被木板钉起来的房间。警察本以为能从这里发现更多尸体，但当警察把木板去掉后，却被眼前一尘不染的景象震惊了，因为眼前的屋子和盖因的房间比起来真是云泥之别。

奥古斯特是个控制欲很强的母亲，而且非常霸道，强制要求孩子像她一样生活。所以当奥古斯特去世后，盖因首先感觉到的是解脱，因为再也不会有人管他了。但是盖因很快就变得无所适从了，因为他从小被母亲禁止接触外人，所以在人际交往方面显得十分笨拙。不过盖因不久就找到了感情的寄托，那就是读书。

因为母亲的关系，盖因从小就不善于和他人交往，在学校也是个孤独的存在。当母亲发现盖因或亨利有新的朋友时，就会对他们进行严厉的惩罚。于是盖因就开始从读书中寻找安慰，但盖因只对两类书籍有兴趣，即人体解剖和德国纳粹的人体试验。在母亲去世后，盖因又喜欢上了一类书籍，即盗墓方面的。

有了理论指导后，盖因就想付诸实际行动了。但是在试验开始之前，他还得去寻找一些材料，也就是尸体。于是盖因开始了盗墓，寻找令自己满意的尸体。盖因选择的第一块墓地就是母亲奥古斯特的，盖因把母亲的尸体从墓穴中挖出来，并放在了家中。之后，盖因开始在各处寻找目标，但是他只对一些特定的墓地下手，死者是中年妇女，而且得是新鲜的尸体。盖因交代过，他曾经在墓地旁边手淫过，但却不会和尸体发生性关系，因为盖因觉得那些尸体很臭。

盖因为了能找到新鲜的尸体，还养成了看报纸的习惯，因为报纸上有时会刊登讣告，通过讣告盖因就可以得知哪里有新鲜的尸体。据说有一次，盖因还邀请了一位邻居一同前去，但那位邻居是一个智障。盖因的这种行为一直没有被发现，直到沃顿夫人案件之后，盖因的种种行迹才被暴露。

【 犯罪心理分析 】

盖因为什么对中年女性的尸体如此着迷？他为什么要做一件人皮大衣以及人皮面具？对于盖因这些匪夷所思的行为，FBI犯罪心理专家给出了两种说法。

第一种说法是盖因自己想变成一个女性。盖因曾经想做变性手术，但因为价格昂贵，再加上风险比较大，所以盖因便只能用"真材实料"来把自己伪装成一位女性。据FBI的研究，如果连环杀手的母亲是霸道的，而且对孩子控制得十分严格，那么孩子就无法实现性别认同（对自己性别的正确认识）。对于一个正常人来说，他在3岁左右时就可以识别出自己的性别，并且知道自己的性别是稳定的，有了正确的性别认同之后，儿童就会喜欢和同性儿童一起玩耍，会自然而然地遵从内在的性别角色要求来控制自己的言行，让自己的言行更加符合自己的性别。盖因是个男性，但是在他的人生历程中，女性在他心目中占据着至高无上的地位，所以他会对自己的男性角色感到厌恶和愤怒。所以当盖因穿上人皮大衣后，就会觉得自己变成了一名女性，从而获得一种心理满足。

在盖因被捕以后，警察很快就取得了他的信任，他诚实地交代了自己的所作所为，并且告诉警方那些人皮制品的各种用法。盖因极力否认他曾与尸体性交。他穿上了人皮大衣，好像自己真的变成了一名女性。盖因表示，每当月圆之夜时，他就会穿上人皮大衣，戴上人皮面具，然后敲着人皮鼓。对于这种行为，盖因认为是放纵的。

第二种说法是盖因在用这种方式怀念母亲。每当盖因穿上人皮大衣后，就会觉得母亲好像回到了自己的身边，他可以继续依赖母亲，他的这种做法实际上就是为自己复制了一个母亲。当然，这种想法在常人看来是难以接受的。在审讯过程中，盖因虽然已经年过半百了，但是却表现得像个孩子，尤其是他对母亲的依赖，让警方更加觉得盖因的心智是不成熟的。盖因表示，他之所以会杀掉玛丽和沃顿夫人，是因为这两个人和母亲长得很相像。但是盖因也表示，虽然她们很像母亲，但在他的心目中，母亲是最特别的，没有人能取代。每当警方提到盖因的母亲时，盖因就会表现得很伤心，有时甚至会哭泣。

最终盖因被送进了精神病院，并在那里度过了余生。在精神病院，盖因被评为模范病人，他不仅很喜欢医院安排给自己的手工劳动，而且每次都能超额完成。当医生发现盖因对无线电报十分有兴趣后，就向医院申请，让盖因用自己的劳动所得购买了一台无线电报机。最终盖因死于癌症，在死前，盖因表示如果他能出院，一定会去环游世界。盖因死后被安葬在自己母亲墓地的后面，这样他就可以永远和母亲在一起了。

对于盖因的种种恐怖和怪异的行为，专家们在研究的过程中分成了两派。一部分专家认为，盖因并不是性虐待狂，而是个性掠夺者。盖因的杀人行为并不是杀人欲望引起的，也就是说他并不是为了杀人而杀人，或许这也是他相对其他连环杀手杀人数量少的原因所在。有不少连环杀手杀人时是为了寻求力量和控制权，但盖因显然并不是这样。盖因杀人和盗尸实际上就是在寻找不同的零件，然后用这些零件拼凑出一个母亲来，再把自己套进去，他就会变成奥古斯特。

在盖因的心目中，母亲奥古斯特是至高无上的存在，拥有绝对的权力。所以盖因想要变成女人，想要变成奥古斯特。在盖因的犯罪行为中，奥古斯特负有不可推卸的责任，如果她改变对盖因的教育方式，那么或许盖因的人生就会变得不一样。据说，奥古斯特一直想要个女孩，因为她已经有一个儿子了，但是盖因仍然是个男孩。

不论怎么说，奥古斯特都是盖因生命中的唯一，是他的依赖，也是他的信仰，甚至在盖因的心目中，奥古斯特就是永生的。所以盖因才会不停地拼凑出一个奥古斯特，甚至想变成奥古斯特。

另一部分专家则认为，盖因是憎恨奥古斯特的，这份憎恨就连盖因自己也没有发现。盖因之所以选择中年妇女以及和母亲相貌相似的玛丽和沃顿夫人下手，就是源于对母亲的憎恨。因为杀人和肢解尸体都是充满憎恨的行为。

美国联邦调查局的著名犯罪心理学家约翰·道格拉斯在得知盖因的案件后，也进行了一番研究，最终他得出了这样的结论："盖因的案子主要涉及了两起谋杀，从这两个谋杀场景中我注意到，虽然凶手把尸体移走了，但并未做出任何善后的行动，例如擦干净地板上的血迹，或是在杀人后藏起来。在沃顿夫人的被害现场，有许多血迹，这说明被害人已经当场死亡，但警方却并未发现尸体，那么凶手为什么移走尸体？通常的解释是，移走尸体可以避免警方的追查。但这种解释显然不适用于盖因的案件。如果凶手移走尸体是有其他原因，那么凶手很有可能是一个精神病患者。"最终盖因被诊断为慢性精神障碍。后来盖因便成为许多影视剧的原型人物，例如希区柯克的《惊魂记》、托马斯·哈里斯的《沉默的羔羊》等电影中的恐怖杀手的形象都取材于盖因。但不同的是，这些电影中的连环杀手一般是非常凶狠的形象，攻击性很强。但盖因在现实生活中却是一个温和的老实人。

虽然奥古斯特应该为盖因的犯罪行为负责，但这也不能全怪在奥古斯特的身上。盖因的哥哥亨利虽然也接受了一样的教育，但他却可以及时地意识到盖因对母亲的依赖不对，并且反抗母亲的霸道。《道德情操论》和《国富论》的作者亚当·斯密也是个对母亲十分依赖的人，他父亲在他出生前就不幸去世了，从此之后，对亚当·斯密的教养重担就完全落到了母亲玛格丽特的身上。亚当·斯密的性格和盖因也比较相似，都不善于人际交往，活在自己的世界中，甚至还有抑郁症的倾向。在母亲去世后，亚当·斯密陷入了巨大的痛苦中而无法自拔，他的健康状况也开始恶化，6年后便去世了。

第四章

杀人魔小丑——约翰·韦恩·盖西

　　FBI 把连环杀手分为三类，即有组织、无组织和混合型。有组织的杀手通常都是比较聪明的，而且很擅长骗人，能轻易地把被害人骗到目的地。在处理尸体的时候，有组织的杀手都会表现得十分谨慎小心，他们会把尸体处理得毫无踪迹可寻，这样就可以躲避警察的调查。但有组织的杀手总是自作聪明，认为警察根本抓不到他们。

1978 年的 12 月 11 日，一个名叫罗伯特·皮斯特的 15 岁少年在一家药店工作时，偶然得知一个名叫约翰·韦恩·盖西的中年男子要雇佣青少年，于是就向盖西表示，他需要一份工作，盖西答应雇佣他。罗伯特很高兴，就告诉了母亲，在离开家时还对母亲说，他很快就会回来。但之后，罗伯特却失踪了。罗伯特失踪后，他的父母立刻向当地警察局报警，他们对警察说，罗伯特的失踪一定和一个名叫盖西的承包商有关，罗伯特失踪前曾和这个人商讨过工作的事情。

警察找到盖西调查，但盖西却说他根本没有见过这个名叫罗伯特的少年。当警察要求他去警察局做笔录时，盖西谎称自己的叔叔过世了，他只能晚些去警察局。第二天凌晨，盖西满身泥巴来到警察局，对警察说他遇上了车祸，但依旧坚决否认自己与罗伯特的失踪有关，还表示自己从未承诺给罗伯特工作。

警察当然没有相信盖西的鬼话，开始对盖西展开调查。通过调查，警察发现盖西曾在芝加哥有过案底，还在爱荷华州因为强奸青少年被判刑。这些调查结果都说明盖西有重大嫌疑，于是警方便拿着搜查令对盖西的房屋进行了搜查。通过搜查警方发现了许多可疑的物品：一枚中学生的戒指、不同的驾照、手铐、关于男同性恋的书籍、一件与盖西身材不符的衣服、罗伯特工作的药店的收据。第二天，警方就收到了一条更加可疑的消息，一年前在芝加哥的一条河流中发现了两具尸体，其中一个人曾是盖西的雇员。

后来，警方又接到了一个报警电话，打电话的是个年轻男子，这名男子告诉警方，盖西曾经用大麻引诱他，让他上车。当他上车后就被盖西迷晕了，随后被带入盖西的家中，并且在那里遭遇了虐待和强暴。警察还从盖西的前妻那里了解到另一起年轻男子的失踪案。同时，警方确认盖西家中的那枚戒指的主人也消失了，而且盖西的一名员工还开着失踪者的车。警察从这名员工那里了解到，这辆车是盖西卖给他的，盖西还告诉他说，车的主人急需一笔钱去加利福尼亚州。

警方还在盖西的车内发现了一小撮人类的毛发，当警察带着警犬去确认罗伯特是否真的乘坐过盖西的汽车时，警犬做出了卧倒的示警动作。这说明罗伯特一定曾出现在盖西的车内，甚至可能是盖西用此车运过罗伯特的尸体。

当盖西得知警察对自己展开了详细的、全方位的调查后，就为自己找了律师，控告警察骚扰他，对他的生活造成了恶劣的影响。面对警察的跟踪，盖西还谩骂警方，说警察都是白痴。为了摆脱嫌疑，盖西故意表现得满不在乎，不仅把自己外出时的目的地告诉警察，还表现得和平常一样。

但是当盖西得知警方掌握的证据越来越多时，就开始慌张起来，并且和律师谈论案件的进程，也表现出了一些疯狂的举动，例如酗酒和对人大喊大叫等。在警察正式逮捕盖西之前，盖西还为自己租的车加油，并且给了加油工一袋大麻。加油工把这袋大麻交给了警方，并且告诉警察，盖西对他说："我的末日就要来了，这些人会杀死我。"

盖西离开加油站后，就开车去了一个朋友家，警察在跟踪的过程中，发现盖西的手中拿着一串念珠，并且一边开车一边祷告。到了朋友家后，盖西抱着朋友痛哭，还亲口承认自己杀了30个人。盖西的种种反常行为引起了警方的警惕，为了避免盖西在走投无路时选择自杀，警方便以非法藏匿和分发大麻的罪名将其逮捕。

盖西被捕以后，警方开始对盖西的住所展开搜查。警方在盖西住所的地板上找到了一个暗门，并且通过这个暗门发现了一个密室，在密室中有几具残缺的尸体。面对这些证据，盖西只好承认自己杀人的事实。盖西告诉警察他一共杀害了25个年轻人，这些被害人都是他用工作和金钱的方式引诱来的，他有时也会采用暴力的方式绑架被害人。

当盖西把被害人弄到住所后，就会把被害人铐上或绑住，为了防止被害人尖叫，盖西会用布料堵住被害人的嘴巴或是用绳子勒住，被害人就是被绳子勒死的。盖西通常每次只会杀掉一个人，但偶尔也会同时杀害两个人，并且美其名曰"双捕"。

在被害人死后，盖西就开始想办法处理尸体。盖西的抛尸地点是家里的下水道。在盖西被捕之前，盖西曾邀请两名跟踪他的警察去家中喝咖啡。其中一名警察便趁着上厕所的机会，观察盖西的房屋，希望能找到一些可疑的蛛丝马迹。但是警察却什么也没发现，可他觉得下水道的味道很怪异，就好像尸体的味道一样。后来的发现证明这个警察的直觉是对的。为了加速尸体的分解，盖西会定时倒些生石灰。

后来盖西杀的人越来越多，下水道的空间都被填满了。盖西就开始寻找新的抛尸地点，他选择了河流。罗伯特被害后，盖西就把他的尸体抛在了一条河流中。当盖西处理完尸体后，就去赴约，途中发生了一起轻微的交通事故，然后他就出现在了警察局中。

盖西是从 30 岁时开始杀人的，在许多人的眼中他是个残忍的连环杀手，但实际上他在幼年时期，也是一名受害者。盖西是家中的第二个孩子，他与母亲和姐妹之间的关系很好，但却无法与父亲相处，因为他的父亲有酗酒的毛病，醉酒时总是对妻儿拳脚相加。

盖西为了赢得父亲的赞赏也做过许多努力，但却收效甚微。在盖西犯错时，例如拆卸父亲组装起来的引擎和在商店偷玩具车，总会遭到父亲的鞭打。父亲还常说盖西不像男孩，是个恶心的娘娘腔，长大后就会成为同性恋。在盖西 9 岁时，曾经被一个承包商猥亵，但因为害怕父亲的责怪而选择了隐瞒。

盖西的身体比较肥胖，而且有轻微的心脏病，所以无法参与学校的体育运动。虽然盖西的朋友不多，而且还时不时地被同学嘲笑，但他却很热情，喜欢帮助老师和邻居们做些小事。在盖西读四年级时，他的身体健康出现了问题，经常会间歇性昏厥，还患上了盲肠炎。因为总是请假住院，盖西的学习成绩开始下滑。对于这点，盖西的父亲认为他是在故意装病。

随着年龄的增长，盖西与父亲之间的关系变得越来越糟糕。盖西的父亲在喝醉酒时，就会拿儿子出气。面对父亲这种无理取闹的责骂或殴打，盖西选择了沉默，从未反抗过。对于这段糟糕的父子关系，盖西的母亲也曾试图努力缓和，但失败了，就像她无法劝丈夫成功戒酒一样。

盖西 18 岁时开始参与政治，并且获得了一份工作，即为一个民主党候选人担任助理。父亲对盖西的这份工作十分不满，大骂盖西是懦夫。在盖西担任民主党候选人助理时，父亲为盖西买了一辆车，但是汽车却在父亲的名下，盖西还得每月向父亲还款。在还款期间，只要盖西出现忤逆父亲的言行，那么车钥匙就会被收回。后来盖西为自己配了一把车钥匙，父亲知道后十分生气，然后把汽车的分电器盖直接拆掉了。在盖西的回忆中，这是段令人恶心的经历。

后来盖西被安排到停尸房工作，这段经历给盖西带来了很大的影响。盖西一直住在防腐室后的一间小屋中。一天晚上，盖西独自待在停尸房，并且爬到了一个年轻男性死者的身旁，他忍不住拥抱和抚摸了这具冷冰冰的尸体。

3个月后盖西回到了芝加哥，并且进入一所商学院学习，毕业后他开始在一家鞋业公司当销售员，后来便晋升为部门经理。其间，盖西加入了青年商会，并渐渐成为商会的骨干。在一次商会举办的酒会上，盖西被一名男同事灌醉，然后到男同事家中休息，其间两人发生了性关系，这是盖西第一次同性恋经历。在这里，盖西和一个名叫玛丽莲·迈尔斯的同事结婚了，玛丽莲的父亲是几家肯德基的老板，后来盖西便和妻子搬到岳父家中居住。盖西和玛丽莲生下了一个儿子和一个女儿。初为人父的盖西十分快乐，并且认为这段经历在他的人生中是完美的。不久，盖西的父亲前来看他，并对盖西说："儿子，是我看错你了。"这是一种难得的赞赏。

此时盖西的生活表面上看起来是光鲜亮丽的，但实际上却是阴暗的，对于妻子他有着难以启齿的秘密。盖西卷入到色情和毒品中，还在地下室开了一家俱乐部，邀请在快餐店工作的人参加，并且伺机向年轻男子下手，灌醉对方并且与对方发生性关系，当遭到对方的拒绝时，盖西会以开玩笑为由糊弄过去。

1967年8月，盖西认识了一个名叫康纳德·福尔西斯的少年。康纳德只有15岁，是快餐店员工的儿子。在盖西成功把康纳德引诱到家中后，就开始让康纳德观看色情电影并且给他灌酒，最后盖西对康纳德下手了。几个月后，又有几个青少年遭到了盖西的毒手。盖西总是想尽办法让这些青少年放弃报案。盖西会告诉一些青少年，他这么做是为了搞科研，目的是为了保护同性恋的利益，事后还会给这些青少年一些报偿。盖西甚至还拿妻子作为诱饵，引诱一名青年和妻子睡觉，然后再勒索对方，逼迫对方和自己发生性关系。

后来，康纳德把自己受过性侵犯的经历告诉了父亲，他的父亲立刻报警，警方逮捕了盖西。对此，盖西选择了否认。为了阻止康纳德到法庭上作证，盖西便以 300 美元为诱饵，让一个 18 岁的男孩罗素·施罗德攻击唐纳德。被狂揍了一顿的康纳德立刻报警，施罗德在被捕后交代是盖西让他殴打康纳德的。

1968 年 9 月 3 日，盖西接受了爱荷华州立大学精神病医院的精神病评估。最终的评估结果显示，盖西具有反社会人格，而且难以治愈，会反复和社会产生冲突，但盖西却有行为能力接受法庭的审判。

最终盖西承认自己曾与康纳德发生了性关系，但那都是在康纳德主动的情况下。尽管如此，盖西还是被判为鸡奸罪，并且判处 10 年监禁。当天，盖西的妻子还提出了离婚。从此之后，盖西再也没有见过玛丽莲和那双儿女。

盖西在获得假释的机会后，想要重新做人，并且到芝加哥和母亲一起生活。但不久之后，盖西就被一个十几岁的男孩指控了。这名男孩告诉警方，盖西曾引诱他到车上，并且试图强迫他与之发生性关系。但是这名男孩并未出庭作证，所以盖西便继续自由的生活。后来盖西恢复了正式公民身份，他的犯罪记录也因此被封存起来，直到罗伯特失踪案发生后，警方才对盖西的犯罪经历进行了详细的调查。

在母亲的帮助下，盖西有了自己的房子，后来这间房子便成为他的犯罪场所。不久之后，盖西认识了一个带着两个年幼女儿的女子，并且和对方结了婚。在婚礼举行前的一个月，盖西再次被请到了警察局，因为一个年轻男子指控盖西伪装成警务人员，把他骗到车里与之发生性关系。但是警察觉得这个指控具有敲诈盖西的动机，便驳回了。

婚后，盖西成立了一家建筑公司，主要经营设计、装修和保养等业务。起初这家公司主要负责小型的维修工程，后来随着业务范围的扩大，开始进行室内设计和安装等工作。

有一次，盖西和一名青年雇员出差。当晚，两个人同住在一个酒店房间里，盖西强暴了这个青年。在回到芝加哥后，青年专门到盖西的家中殴打盖西，为自己出气，但却被盖西的岳母阻拦。后来盖西对妻子解释说，他拖欠了这个青年的工资，所以才招来了对方的殴打。

除去这些犯罪前科，盖西是个很热情的人，会为员工提供免费的服务，还因为乐于助人而广受好评。盖西还在一次活动中和当时的第一夫人罗莎琳·卡特合影，并得到了罗莎琳·卡特的签名。

后来，盖西还加入了一个名为"快活小丑"的俱乐部，这是一个慈善性质的俱乐部，俱乐部成员需要定期打扮成小丑并参加筹款活动或为住院的儿童带来快乐。盖西在成为这个俱乐部的成员后，就创造出了自己独特的小丑风格，服装和小丑造型都是他自己设计的。

1975年的母亲节，盖西向妻子交代了自己双性恋的性取向，并且表示自己再也不会和妻子做爱。从那以后，盖西每天晚上都会离开家，并且和十几岁的男孩鬼混，盖西的妻子只好提出离婚。

盖西的第一次杀人可以说是个意外，但正是这个意外让盖西变成了一个杀人魔。第一个被盖西杀害的年轻人只有15岁，他的名字叫蒂莫西·麦科伊。盖西是在长途汽车站认识麦科伊的，并且带着麦科伊在芝加哥游玩了一番。晚上，盖西把麦科伊带到了家中并与他发生了性关系。第二天早上，盖西迷迷糊糊醒来后发现麦科伊拿着一把刀站在他的床边。盖西立刻紧张得跳起来，麦科伊手中的刀便不小心划伤了盖西。受伤的盖西立刻表现出了巨大的攻击性，盖西不仅利用身体优势把刀从麦科伊手中抢过来，还将麦科伊的头部撞向墙壁。莫名其妙被攻击的麦科伊本能地进行反击，这时盖西便拿着刀捅向麦科伊，直至麦科伊死亡。后来盖西才发现这是一个误会，麦科伊当时做好了早餐，便顺手拿着刀去叫他起床。在意识到这是个误会后，盖西并没有悔恨，而是想办法处理尸体。盖西把麦科伊的尸体藏在了地板下，并且在上面浇筑了一层水泥。

对于第一次杀人的经历，盖西被捕后这样描述当时的感受："虽然杀掉麦科伊的过程让我觉得筋疲力尽，但也兴奋到了极点。那时我才意识到，原来杀人能给我带来巨大的快感。"

第二位被害人是一个身份不明的少年，他是被盖西勒死的。在处理尸体之前，盖西先将这名少年的尸体放置在壁橱里，但盖西很快就遇到了麻烦，尸体口鼻中流出的液体弄脏了他的地毯，为了避免类似情况的出现，后来盖西都会用布条或被害人的内裤塞住对方的嘴。最终这名被害人的尸体被埋在了盖西房屋的后院中。

与此同时，盖西的事业也开始蒸蒸日上，他经常要签订大量的合同。但盖西每天都生活在杀人的诱惑中，因为他的雇员大都是年轻男性，有些还是正在上学的少年。由于此时盖西还没有与妻子离婚，缺少独立的杀人场所，所以盖西会抑制这种杀人的冲动。尽管如此，盖西还是会伺机杀人，例如利用妻子外出的机会。有一次，盖西就利用了妻子看望姐姐的机会杀掉了一名少年并把尸体藏在了车库的水泥地下。尽管这名少年的父母报警了，但却不了了之。在与妻子离婚后，独自拥有房屋的盖西便大开杀戒。盖西仅仅用了3个月的时间，就杀害了8名年轻男性。这些尸体有的被埋在地板下，有的被埋在洗衣间地下。

当然盖西也不是每次都能得手，如果遇到一些比较强壮的青年，盖西就没有那么容易得手了。曾经有个名叫戴维的18岁青年在与盖西同居后，被盖西灌醉，然后铐上双手，盖西对戴维说，他要强暴他。戴维听到后就给了盖西一脚。不久之后戴维就搬出了盖西的家，并辞掉了工作，彻底退出了盖西的生活。

在罗伯特被害案曝光后，盖西的这些杀人行为也陆续被揭露。最终盖西承认了这些杀人行为，并且还为警察指出了藏尸地点。但盖西并不想被判死刑，就开始接受各种心理测试，力图让精神病专家认为自己是个多重人格障碍和偏执型精神分裂症患者。盖西这么做就是为了证明自己无法接受审判。但最后，盖西还是被判处死刑。

在执行死刑的当天下午，盖西获得了在监狱内与家人聚餐的机会。晚上，盖西接受了一名天主教神父的祷告，然后被执行了注射死刑。据说盖西的临终遗言是"亲亲我的屁股"，这是一种很无礼的表现。就在死前，盖西也没有对自己的罪行表示悔恨。盖西死后，他的大脑被送到了海伦·莫里森博士那里，莫里森博士是专门研究暴力反社会人格的。通过检查，莫里森博士并未发现盖西的大脑与正常人有什么不同。

【犯罪心理分析】

盖西属于有组织的杀手。FBI把连环杀手分为三类，即有组织、无组织和混合型。有组织的杀手通常都是比较聪明的，而且很擅长骗人，能轻易地把被害人骗到目的地。在处理尸体的时候，有组织的杀手都会表现得十分谨慎小心，他们会把尸体处理得毫无踪迹可寻，这样就可以躲避警察的调查。但有组织的杀手总是自作聪明，认为警察根本抓不到他们。

在外界看来，有组织的杀手通常是成功的，他们有一份属于自己的事业，甚至还能组成家庭。盖西虽然因为鸡奸罪在监狱中服刑，但在出狱后不久他就有了自己的公司，并且做得还不错。虽然盖西曾经离过婚，但他很快又有了一位妻子。虽然盖西与第二任妻子也离婚了，但是盖西自己主动提出的。

在盖西被捕后，他接受了一名FBI犯罪心理专家的访问。在这次访问中，盖西不仅没有对杀人行为感到悔恨，还说那些被害人都是无用的同性恋。当被反问道他自己也是同性恋时，盖西则辩解道，他的工作很忙，根本没有时间和女人在一起，所以只好找男人做爱。

对于自己被捕，盖西认为这纯属一个意外，因为盖西总是找那些与自己关系不大的人下手，这样就可以躲避警方的调查。在被盖西杀害的人当中，有些人在死后根本没有人为他报警，但有的人却不是，例如有的少年被害后，他的父母会报警，警察也会调查盖西，但这差不多就是例行公务，警察根本不会怀疑盖西。在罗伯特被害的案件中，如果盖西不撒谎，承认自己曾与罗伯特见过面并且雇佣过罗伯特的话，那么警察可能就不会怀疑盖西与失踪的罗伯特有什么瓜葛。但正是盖西的谎言引起了警察的疑心，并顺藤摸瓜调查出了多起杀人案。

盖西在被执行死刑之前，成了监狱中的明星，不仅有很多人专门来探监，他还经常接受采访。盖西在狱中还进行了绘画创作，在他死后，他的许多绘画作品都被拍卖，其中最著名的便是盖西的小丑自画像。有人认为盖西利用绘画作品获得了丰厚的报酬，但盖西却说，他的绘画作品并不是用来营利的，而是给人们带来快乐。与此同时，盖西一直坚持自己是无罪的。

第五章
夜间撒旦——理查德·雷瓦·拉米雷斯

　　通常情况下，有组织杀手在杀人之前都会进行一番策划，杀人后也会精心处理案发现场，最要命的是有组织杀手具有很强的反侦查能力。拉米雷斯在杀人后就窃听了警方的电台。无组织杀手和有组织杀手比起来，虽然作案头脑不怎么精明，而且也没什么反侦查的能力，但因为作案风格出其不意，这种不可捉摸性也会给警方破案带来困难。

　　洛杉矶是个跨地域连续作案的绝佳选择，因为凶手可以利用这里发达的高速交通网络。1984～1985年的美国洛杉矶和旧金山的夜晚被一种恐怖的氛围所笼罩，这都源于一个疯狂的连环杀手——理查德·雷瓦·拉米雷斯。在拉米雷斯的阴影下，当地有不少居民都会邀请亲友来家中居住，借以壮胆。拉米雷斯不仅疯狂，而且作案方式和对象都让警方毫无头绪。被拉米雷斯杀死的被害人有男有女，年龄有几岁幼童，也有80多岁的老人，总之拉米雷斯的"猎杀"范围很广。在杀人方式的选择上，拉米雷斯不仅尝试过借助工具，而且工具从手枪到冷兵器不等，有时候凶器仅仅是一根木棍。除了工具之外，拉米雷斯还尝试用双手解决掉人的性命，例如扼死或直接赤手空拳将对方打死。不过，拉米雷斯有个特别的习惯，即在被害人的身上或犯罪现场留下有着撒旦象征意义的倒置五角星。后来拉米雷斯在出庭受审时，就在手掌中画了一个五角星的图形并且向众人展示。

　　1985年3月17日晚上11点左右，洛杉矶显得十分安静，一名20岁的少女安吉拉·巴里奥斯下班后匆匆忙忙往家赶。当巴里奥斯把车停好，走出车库时，迎头碰到了一个穿着黑袍、戴着蓝色海军帽的男人，这个男人立刻用手中的枪控制住了巴里奥斯。这时，巴里奥斯才看到了这个拿枪指着她额头的神秘男子的眼睛，那种冰冷的目光让巴里奥斯十分恐惧，为了能活命，巴里奥斯压低声音向男子哀求，希望男子能大发慈悲。巴里奥斯为了避免激怒男子，尽量把目光转移到其他地方，不与男子产生眼神交流。

　　当巴里奥斯觉得男子有所松懈后，立刻逃走，就在这时男子突然开枪了。巴里奥斯随着枪响倒在地上，但并未被击中。巴里奥斯赶紧爬起来继续逃命，男子便朝着巴里奥斯逃跑的方向连开数枪，幸运的是巴里奥斯没有被击中。但巴里奥斯心中明白，如果男子继续攻击她，她一定会死，但这名男子却突然转身离开了。

　　尽管此时巴里奥斯已经吓得双腿发软，但她依旧以最快的速度跑回了家中。当巴里奥斯打开房门后，还没来得及松口气，就差点儿被眼前的景象吓了个半死，厨房里到处都是血，还有一具尸体。巴里奥斯的室友达利死在了厨房中，尸体被倒立在一个装满鲜血的洗手盆中。

巴里奥斯赶紧跑出来，并且拨打了报警电话。警察赶到后，在附近搜到了巴里奥斯描述中的海军帽，但这顶海军帽是被害人达利的，而且是达利的生日礼物。凶手在杀害达利后，便在车库遇到了巴里奥斯。巴里奥斯是个幸运儿，因为她是第一个从拉米雷斯手下生还的被害人。

达利的被害以及巴里奥斯的遭遇在当地立刻成为爆炸性的新闻，当地居民都十分害怕自己会成为凶手的下一个目标，警方也在积极破案。一个多星期以后，当地又出现了一起凶杀案，被害人是一对60多岁的老夫妻。当经验丰富的警察赶到现场之后，立刻被血腥的场面震惊了，有的警察甚至忍不住呕吐起来。这对老夫妻都是中枪身亡的，男主人被击中头部而毙命，女主人则是腹部连中数枪。死者流了许多血，家中到处都是鲜血，整个楼层也被血腥味所笼罩。

虽然警方在全力追捕凶手，但凶手似乎根本无所忌惮，在接下来的3个月内，凶手接二连三地犯下罪案。在这些案件中，警方找到了几个共同点，比如案发时间都是凌晨，被害人都是被枪击身亡的。不久之后，又出现了命案，这次被害人并不是中枪身亡的。死者是两个80多岁的老妇人，是被凶手用锤子砸死的，其中一名死者的头部已经被砸得面目全非。

面对多起凶杀案，警察觉得很有可能是同一个人所为，但是却无法确定嫌疑人。FBI行为科学部还专门到案发现场做调查。FBI发现凶手在杀人时男女不限。不过面对男性，凶手一般会用枪打死对方或选择勒死。但女性被害人就比较惨，不仅会被强奸，还会被肢解，有的女性被害人甚至被凶手挖出了眼睛。这个凶手虽然杀死了不少人，也放过了不少人。在幸存目击者的证词中，凶手显然对撒旦十分崇拜，有时凶手在强奸被害人时会强迫对方说"我爱撒旦"。面对种种迹象，FBI犯罪心理专家给出了一个"从未见过此种类型的凶手"的结论。

这个结论显然不能成为放过凶手的借口，警方耗费巨资建立了一个电脑辅助识别系统。这个新系统可以帮助警察把案发现场的指纹和以往的犯罪记录进行匹配。很快，警方就锁定了一个名叫拉米雷斯的嫌疑人，并且发出了通缉令。

后来拉米雷斯终于被警方逮捕了，但这个过程看起来更像是一次意外。1985年8月30日，拉米雷斯看上了一辆车，并想办法进入车内，在拉米雷斯得意地发动汽车时，却突然被一名强壮的男子掐住了脖子。这名男子便是这辆车的主人皮诺，当时他正在底盘下修车，当意识到车子发动以后，就立刻钻出来。被掐住脖子的拉米雷斯很难受，便威胁道："我有枪。"但皮诺却说："就算这样也不能开走我的车。"为了摆脱皮诺的钳制，拉米雷斯便开动汽车，汽车先是撞到了篱笆上，然后又扎进了车库中。皮诺趁机打开车门，把拉米雷斯拉到了大街上。

这时，拉米雷斯自知不是皮诺的对手，就逃走了。当拉米雷斯遇到一个开车的妇人后，就威胁对方交出钥匙，但不想这位妇女的丈夫就在附近。男子在听到妻子的喊叫声后，立刻赶来，并用手中的铁棍攻击拉米雷斯。拉米雷斯见状拔腿就跑，男子拿着铁棍在后面追赶，随后又有几名男子一同追赶拉米雷斯。当拉米雷斯跑不动之后，只好做垂死挣扎，其结果就是寡不敌众。如果不是警察及时赶到，或许拉米雷斯已经被群殴致死。当警察赶到现场后，拉米雷斯已经被殴打得神志不清了，不过他还记得向警察寻求保护，当然也承认了自己便是被通缉的连环杀手。

被捕后，拉米雷斯也深知自己罪大恶极，并请律师让自己免于死刑，但最后他依旧被判处死刑。在接受死刑宣判的时候，拉米雷斯猖狂地叫嚣道："死亡对我来说根本不算什么，别想用死刑吓唬我，反正谁都会死，咱们在迪士尼乐园见。"

虽然拉米雷斯被判处死刑，但他却是因为肝功能衰竭而死的。拉米雷斯在等待死刑执行的24年内过得十分风光，他不仅获得了大量的粉丝，还在狱中和一个女子结婚。拉米雷斯的哥哥和妹妹，包括他只有10岁的侄女都参加了这场婚礼。

拉米雷斯的妻子德琳·里奥曾经是他的粉丝之一。里奥是从报纸上看到了有关拉米雷斯的消息，后来声称在她看到拉米雷斯的照片后就深深地爱上了他。从那时起，里奥就开始向拉米雷斯寄情书，其间里奥还遭遇了竞争对手的威胁。其实除了里奥之外，拉米雷斯还受到其他许多女粉丝的追求。拉米雷斯之所以选中里奥，是因为里奥是个处女。其实里奥还是个智商高达 120 并且拥有双学士学位的高智商女性。

这段婚姻对拉米雷斯来说还是一种保护，因为他的律师又有了一个新的借口，即不能让里奥成为寡妇。这样一来，拉米雷斯的死刑便一直拖延下去，直到他死。

连环杀手受到追捧是个很奇怪的现象。在连环杀手被捕之后，他们立刻就成了媒体关注的焦点。媒体之所以愿意大肆报道连环杀手的新闻，只不过是为了迎合大众的口味。人们为什么会对连环杀手这么关注，而忽略了那些被害人？有人认为，这是因为连环杀手激起了人们的好奇心。因为连环杀手表面上看起来和普通人并没有什么不一样，但他们却能做出让普通人难以接受的残忍行为。不过也有人指出，人们对连环杀手的崇拜是基于一种斯德哥尔摩综合征的心理，这些连环杀手就好像是人类中的终结者一样。

除了这些疯狂的粉丝之外，犯罪心理专家们也十分关注拉米雷斯的情况，毕竟这是个少见的难以捉摸的凶手，如果不是借助电脑技术，或许拉米雷斯依旧逍遥法外。这样一来，拉米雷斯的童年经历就开始备受人们的关注。

拉米雷斯是拉丁裔美国人，他的父母从墨西哥移民而来，据说他的父亲还曾是墨西哥警察。在父亲的眼中，拉米雷斯是个很省心的孩子，不像其他男孩那么淘气。但是在拉米雷斯的心中，父亲却是个动辄大骂的恐怖存在。拉米雷斯的母亲是位虔诚的天主教徒，每天都会虔诚地进行祷告，还会按时去教堂做礼拜。

在拉米雷斯的同学心中，他是个腼腆、害羞的男孩，而且很和善。据拉米雷斯的青春期的女友回忆，拉米雷斯不仅没有什么攻击性，甚至可以说是个很温柔的情人。

在许多邻居的眼中，拉米雷斯也和残忍的杀手不沾边，反而是个阳光的大男孩。但这只是拉米雷斯在白天时的形象，到了夜晚他就会化身为恶魔。后来拉米雷斯自己也承认，他很喜欢黑夜，并认为在黑夜杀人是种很刺激的体验。拉米雷斯在少年时期便染上了毒瘾，还因为抢劫和盗窃屡次进警察局。

　　作为来自墨西哥的移民，拉米雷斯受到过美国人的歧视。在当时的美国社会，种族歧视十分严重，黑人和移民等人群在美国都属于弱势群体。在这种不公平的环境下长大的拉米雷斯对社会存在一种抵触和仇恨的心理，后来这种心理渐渐扭曲为对撒旦恶魔的崇拜。在美国社会，撒旦这个象征恶魔的宗教形象是被人们所厌恶的。因为美国的主流文化和信仰不允许撒旦这样的恶魔存在，有些青少年在叛逆时期也会出现崇拜撒旦的现象。

　　拉米雷斯对撒旦的崇拜渐渐发展到了变态的地步，他不仅在法庭上高喊"撒旦万岁"，还在接受审讯时大放厥词："你们根本不了解我，你们没有心思也没有能力这样做。你们的认知根本无法理解我，我已经站在了神圣和邪恶的边缘外。你们眼中所谓的文明社会实际上都是由伪善和道德的教条组成的。你们不仅撒谎和懦弱，而且也同样满怀仇恨，就好像地球上的蠕虫一样，让我觉得恶心无比。世界上所有的政府在杀人时都会打着国家或上帝的名义。每个人都有属于自己的行为标准，我就是要报复，因为我们每个人的心中都隐藏着魔鬼。"后来拉米雷斯还成了社会闲散人员心中无政府主义者的偶像人物。

　　这种扭曲的仇恨渐渐发酵，最终被拉米雷斯的堂兄麦克给激发出来，让拉米雷斯成了一个杀人魔。对于拉米雷斯来说，麦克就是自己的偶像。麦克曾经参加过越南战争，回到美国后很快就染上了毒瘾，还拉着拉米雷斯一起吸毒，他会向拉米雷斯描绘残酷的战争场面，甚至让拉米雷斯看他在越南拍摄的色情照片。这对拉米雷斯来说很刺激，所以他总是去找麦克，也喜欢和麦克待在一起。

　　有一次，麦克的妻子正好撞见两人吸毒，就开始发牢骚。刚刚进入毒品所带来的兴奋状态中的麦克突然变得异常愤怒，就给了妻子一枪。当时拉米雷斯也在场，他不仅目睹了一个活生生的人在自己面前突然死去的景象，就连鲜血都溅到了拉米雷斯的脸上。当时，麦克就要求拉米雷斯对这件事情保密。后来麦克虽然被逮捕了，审判结果很快出来了，麦克是无罪的，理由是麦克的精神状态错乱。在这件事情上，拉米雷斯保持了沉默。

这倒不是因为恐惧，而是基于对麦克的承诺。

后来拉米雷斯还曾经回到过案发现场，他同母亲一起去收拾麦克的东西。在拉米雷斯的回忆中，当时他觉得空气中还散布着的血腥味让他觉得非常兴奋。

除了麦克之外，拉米雷斯的哥哥也开始把他引入歧途。在凶杀案发生后不久，拉米雷斯就开始偷东西，还在一位哥哥的指导下练习偷盗，在偷盗上越来越顺风顺水。很快，拉米雷斯又找到了一个吸毒的伙伴，是他的另外一个哥哥。先前，拉米雷斯只和麦克尝试过大麻这种成瘾性较弱的毒品。现在，拉米雷斯开始尝试摇头丸、迷幻蘑菇、天使粉等一些让人更兴奋且成瘾性更强的毒品。后来，拉米雷斯便对可卡因上瘾了，并开始用注射这种能让人感觉更加强烈的方式吸食毒品。

除了毒品之外，恐怖、血腥的电影和重金属音乐也成了拉米雷斯的所爱。后来在拉米雷斯作案时，他总会在杀人后播放自己喜爱的音乐，还会边吃东西边在周围涂上撒旦的标志。这是因为拉米雷斯自认为是"撒旦的门徒"。在拉米雷斯 18 岁时，他读了一本书——安东·拉维的《撒旦圣经》，从那以后，撒旦便成了拉米雷斯的偶像。后来，拉米雷斯还专门到旧金山去拜师，在那里正式成了撒旦的门徒，在举行仪式的时候，拉米雷斯甚至感觉到了来自撒旦的触摸。

与此同时，拉米雷斯也切断了与家人的联系，他的生活开始变得越来越糟糕，甚至到了捡垃圾为生的地步。有一次，他的姐姐在洛杉矶汽车站附近的廉价旅馆找到了他，当时的拉米雷斯还沉溺在可卡因带来的快感中。

拉米雷斯的第一次杀人和激情犯罪比较相似，所谓激情犯罪，就是指一个人在某种外界因素的影响下，因为心理失衡和情绪失控而产生的犯罪行为。那天晚上，拉米雷斯像往常一样入室盗窃，他的目的只是为了偷点儿值钱的东西。但是拉米雷斯却没找到什么值钱的物品，为此他很愤怒，便一气之下杀死了主人——一个 79 岁的老妇。拉米雷斯在奸尸后便心满意足地离开了。此后，拉米雷斯沉寂了一段时间。但他还是控制不住杀人的冲动，便开始不停地杀人，而且越来越频繁。拉米雷斯还杀过两名华裔美国人，其中一名被害人是 30 岁的女子，她叫余彩莲，在深夜遇到了拉米雷斯，身中数枪而亡。还有一个名叫梁美姗的女孩也遭到了拉米雷斯的毒手，当时她只有 9 岁。

【犯罪心理分析】

拉米雷斯是个很特别的连环杀手，因为他同时具有有组织杀手和无组织杀手的特点。FBI 在对连环杀手的心理进行分析时，都会根据连环杀手行凶的案发现场以及作案手段等把连环杀手划分到某个杀手类型之中。

通常情况下，有组织杀手在杀人之前都会进行一番策划，杀人后也会精心处理案发现场，最要命的是有组织杀手具有很强的反侦查能力。拉米雷斯在杀人后就窃听了警方的电台。无组织杀手和有组织杀手比起来，虽然作案头脑不怎么精明，而且也没什么反侦查的能力，但因为作案风格出其不意，这种不可捉摸性也会给警方破案带来困难。拉米雷斯就具有无组织杀手的特点，例如作案之前不会进行详细的策划，随便找人下手。在杀人时也不会费心隐藏自己的真面目，根据幸存者的目击证词，拉米雷斯在杀人时总是以黑衣、黑帽、黑袜、黑鞋的形象出现。此外，拉米雷斯在杀人时也总是表现得随心所欲，例如幸存者巴里奥斯就是因为他的这种随心所欲而与死亡擦肩而过。总之，拉米雷斯是个同时具有有组织和无组织杀手特征的连环杀手，FBI 称之为"混合型杀手"。正是这种混合的特质，给破案带来了不小的麻烦。

拉米雷斯和许多连环杀手一样，都痴迷于暴力和性。面对拉米雷斯的疯狂杀人行为，许多人都开始寻找原因。值得一提的是，拉米雷斯幼年时大脑曾经受过伤，并且患有癫痫。此外，拉米雷斯十来岁左右就开始吸食毒品，毒品对于他大脑的发育起到了十分严重的破坏作用。青春期对于一个人来说十分重要，除了身体的发育之外，大脑的发育也不可忽视。在人的大脑中有一个被称为前额叶皮层的部位，主要的功能就是控制情绪和抑制冲动。这个前额叶皮层的发展关键期就是青春期，一直到人十八九岁或二十岁左右时才能发育成熟。

除了大脑的异常外，拉米雷斯的人生经历也是促成他杀人的因素之一。除了暴力的父亲外，拉米雷斯在七八岁时曾经目睹过哥哥被邻居猥亵。至于拉米雷斯是否曾被邻居猥亵，不论是他本人还是哥哥都记不清了。

还有一种说法直接追究到了拉米雷斯的基因上。拉米雷斯的父母曾经居住在墨西哥，遭受过原子能辐射。虽然后来移居美国，而拉米雷斯也是在美国孕育并成长起来的，但他的母亲却在怀孕期间在一家化学工厂工作了很长时间。专家认为，拉米雷斯的基因在核辐射和化学毒素的影响下变得具有暴力倾向。对于这种解释很少有人能接受，不少人还认为这种观点是对拉美移民的种族歧视。

虽然这种说法无法站住脚，但确实存在一种具有暴力倾向的基因，被称为"战士基因"。这种基因虽然具有家族遗传性，但总会在男性身上体现出来。拥有战士基因的男性的大脑与正常人不同，其杏仁核等脑部组织都会受到这种基因的影响。而且拥有战士基因的男性更容易走上犯罪的道路。当然，我们也不能迷信基因，毕竟基因不能决定一切。

此外，拉米雷斯的母亲在怀孕期间身体十分虚弱，有不少人劝她放弃这个孩子，因为她的身体条件实在不适合孕育生命，更何况之前她还生过两个有缺陷的孩子。

第六章

双面 BTK 杀手——丹尼斯·雷德

在 FBI 看来，想要确定一个杀人凶手为连环杀手时，有最重要的两个特征，即至少有三个人被害和被害人基本上都是陌生人。连环杀手之所以会不停地杀人，很大一个原因就是他们对杀人上瘾，一段时间不杀人就会难受。

1974 年 1 月 15 日，这虽然是个寒冷的天气，但刚刚放学的 15 岁的查理·奥特罗却十分兴奋，他欢快地向新家走去。查理一家人刚刚搬到一个环境安静的地方居住。

当查理兴奋地推开家门后，突然觉得好像有什么不对劲，于是就喊了一声："有人在家吗？我回来了！"没有人回答查理，就连狗叫声也没有。查理立刻被这种寂静吓坏了，他觉得这种安静是如此的诡异。于是查理就跑向父母的卧室，他看到了一幕恐怖的景象，这种景象令他毕生难忘。

查理看到了父母的尸体，其中他父亲的手腕和脚腕都被捆绑起来，脸部朝着地面趴在角落里，母亲也以类似的姿势被捆绑起来，并且躺在床上，嘴里被一些东西堵着。查理愣了一会儿后，尖叫着跑了出去。闻声而来的邻居一边安慰查理，一边用查理家的电话报警，却发现电话线已经被切断了。

当警察赶到查理家中后，还发现了另外两名被害人，即查理的妹妹和弟弟。查理妹妹约瑟芬的尸体是在楼下的地下室内发现的，她的脖子被人用绳子勒住，然后吊在了水管上，她的身上只穿着一件 T 恤衫和短袜，下身则赤裸着，嘴里也被塞进了东西。警方还在地下室内发现了精液，但约瑟芬并未被凶手性侵犯，可能是凶手在对着约瑟芬自慰时留下的。查理的弟弟只有 9 岁，尸体在自己的卧室，他和父亲一样，不仅脸朝地面趴在角落里，手腕和脚腕也被捆住了，只是他的头部被套在一个袋子里。

警方经过简单的搜查后发现约瑟芬的手表不见了，而且女主人的钱包也被打开了，里面装着的东西都被倒了出来。最让警方感到意外的是，他们并未在现场发现抢劫和打斗的迹象，而且凶手也没有选择破门而入。除此之外，警察还发现勒死和绑着被害人的绳子都是从百叶窗上剪下来的，而被害人家中并没有这样的绳子，这说明那个凶手一定带着百叶窗绳和刀子，甚至有可能还携带着一把手枪。

警方十分重视这起惨案的调查，但过去了很长时间都一无所获。就在警察觉得这起案件可能会成为悬案的时候，他们接到了一个名叫堂·格林治尔的男人的报警电话，对方声称自己收到了"奥特罗谋杀案"凶手的一封信。格林治尔是《维奇塔鹰报》的编辑，他先接到了一个匿名电话，对方告诉格林治尔他就是凶手，并且让格林治尔去公共图书馆里找一本机械工程学的教科书。格林治尔带着好奇心去了公共图书馆，并找到了凶手所说的那本书，在书中发现了一封信。这封信描述了"奥特罗谋杀案"中许多不为人所知的细节，凶手还在信中表示："我无法停止自己杀人的行为，魔鬼会继续为所欲为，它对我的伤害和这个社会对我的伤害一样，不过我是个能解救自己的人。现在，我每天都在梦想着一些人正在被我折磨。"这说明，凶手还在寻找下一个目标，会有更多的人成为被害人。

这封信中提到了一些只有警察和凶手才知道的案情细节，例如凶手提到他在杀害年仅 11 岁的约瑟芬时，先用绳子把约瑟芬的脖子勒住，然后吊到水管上，看着面前垂死挣扎的小女孩，凶手便开始自慰。警察立刻相信这是凶手寄来的，但是单凭这封信警察还是无法锁定嫌疑人。在之后的 1974 年到 1978 年间，凶手又犯下了 3 起命案，被害人与奥特罗谋杀案中的被害人一样，都是被捆绑住，致命伤都在颈部，都是被凶手勒死的。警方还在其中一个案发现场发现了精液，但被害人并未被强奸。

1978 年 1 月 31 日，凶手突发奇想地打算给一名被害人写首诗，于是就又给《维奇塔鹰报》寄了一封信，但并没有立刻引起重视，因为这封信被寄到了《维奇塔鹰报》的广告部。凶手在家等了十多天都毫无音讯，为了引起公众的注意，凶手又往一家电台寄了一封信，他在这封信中描述了自己杀人时的兴奋感："我已经杀了 7 个人，将来还会杀更多的人。"凶手还希望警方和媒体能给自己起个外号："既然如此，我觉得你们可以给我起个外号，比如 BTK 绞杀手、诗人扼颈魔等。"在信件的署名处凶手写下了"BTK"几个字母，BTK 是 Bind, Torture, Kill 的缩写，意思是"捆绑、折磨、杀戮"。如凶手所愿，他从此之后便有了BTK 杀手的名头。

BTK 杀手每次在杀人之前都会选好一个既定目标，然后再潜伏到目标住所附近，在进入目标人物住所之前，BTK 杀手都会提前把电话线给切断。1979 年的某天，BTK 杀手选择了一个名叫安娜的老太太作为目标，但这位老太太却成功逃脱了 BTK 杀手的毒手。那天，BTK 杀手按照既定计划潜伏到安娜的家中，但安娜迟迟都没回家。长时间的等待让 BTK 杀手渐渐失去了耐心，最后气愤地离开了。

这一年，当地的媒体收到了 BTK 杀手的最后一封信。BTK 杀手在信中提到了自己的杀人动机："我的大脑中居住着一个恶魔，这个恶魔会替我选择被害人。我每次杀人时也不知道被害人的身份，只有在读了报纸后才能知道。或许警察可以帮我阻止脑中的恶魔，但我自己却无法阻止。"

这封信看起来好像是 BTK 杀手在忏悔一样，从此之后 BTK 杀手就好像人间蒸发了，再也没出现在公众的视野中，直到 2005 年被捕。但 BTK 杀手所带来的恐怖阴影却笼罩在当地许多年，当地人每天回家的第一件事情就是检查电话线，如果电话线被切断，那么就说明自己已经被 BTK 杀手瞄上了，于是就会跑出去。许多女性每天下班之后，都会尽快赶回家中，然后把门窗都锁好。BTK 杀手把这里的夜晚变成了一座寂静的鬼城，夜晚时分基本上没有人敢出来散步。

为了防止命案再次出现，警方也开始宣传安全防范意识，警告当地的居民一定不要给陌生人开门。对于当地人来说，安全防卫系统成了必需品。但随着时间的推移，警方渐渐放松了警惕，因为 BTK 杀手再也没有作案，也没有人知道他是否还活着，警方甚至怀疑 BTK 杀手或许是因为其他罪行被关进了监狱。

对于当地警方来说，BTK 杀手对他们而言不仅是阴影，更是耻辱，BTK 杀手成了他们办事不力的象征，让他们抬不起头来。为了能把 BTK 杀手追捕归案，当局不仅出动了大量的警力，还让联邦调查局也介入破案。1983 年，美国警方发出了一道追缉令，还成立了一个破案小组，专门针对 BTK 杀手。这个破案小组在美国的许多城市搜集嫌疑人的血液和 DNA 样本，但结果都是一无所获。

BTK 杀手在沉默了 30 年之后，突然向《维奇塔鹰报》报社寄了一封邮件。在邮件中，他自称是警方通缉的 BTK 杀手，为了证明自己的身份，他还寄了四张照片，其中三张是被害人尸体的照片，另外一张照片则是被害人的汽车牌照。在随后的几个月内，当地媒体和警方又收到了几封自称是

BTK 杀手的信件，而这些信件都被送到美国联邦调查局进行核实，核实的结果是这些信件都是真实的。

在一封信中，BTK 杀手还提到了自己的情况，他说自己是 1939 年出生的，在 20 世纪 60 年代时曾经在军队服役。BTK 杀手还说自己从小就十分喜爱火车，甚至到了痴迷的地步，不惜把家搬到铁轨附近。BTK 杀手的信件中还提供了更多线索，例如他的第一份工作是电子机械师；他有个名叫苏珊的表亲搬到了密苏里州居住；他和一个名叫彼得拉的女人很熟，彼得拉有个妹妹叫蒂娜。警方认为 BTK 杀手寄信的目的就是挑衅，但实际上 BTK 杀手只是为了成名。

BTK 杀手还十分喜爱文学，曾经写过不少诗歌，在 20 世纪 70 年代，他的两首诗还被发表了，其中一首名为《南希之死》的诗歌中所描述的南希就是他的被害人之一。警方根据 BTK 杀手的诗歌风格锁定了一位教授，但这位教授已经在几年前去世了，这条线索便断了。

不久后，警方又找到了一条线索。这条线索是美国一家广播公司提供的。这家公司旗下的一家电视台也收到了 BTK 杀手的来信，这封信更像是 BTK 杀手的自传录，不仅有章节还有小标题，他还给这封信起了一个名字，即 BTK 杀手的故事。在信件的结尾处，BTK 杀手写道："这样的事情还会发生吗？"有人分析，BTK 杀手想为自己写一本自传，而自传的结局就是他被警方抓住。

根据 BTK 杀手的种种作为，警方开始意识到，BTK 杀手是个渴望成名的人，不管这个名到底是好还是坏。了解到 BTK 杀手的这一愿望后，一名警察便在媒体上公开表示自己愿意和 BTK 杀手交流，这么做的理由就是希望 BTK 杀手能在成名的诱惑下渐渐浮出水面。

从 2004 年开始，BTK 杀手虽然没有作案，但却总是和警察保持着联系。在频繁的联系中，BTK 杀手开始漏洞百出，让警方掌握了许多有价值的线索。有一次，BTK 杀手居然问警方："警察能不能通过电脑软盘追踪到使用者的具体情况和地址？"如果警方回答不能，那么今后 BTK 杀手就要通过电脑软盘来和警方沟通了。在这个问题上，警方选择了撒谎，告诉 BTK 杀手，他们无法根据电脑软盘进行追踪。让警察意外的是 BTK 杀手居然相信了，不久之后一家电视台就接到了 BTK 杀手寄来的信封，信封中有一个软盘。通过这个软盘，警方顺藤摸瓜找到了一个名叫丹尼斯·雷德的嫌疑人。再加上调查小组所搜集的嫌疑人 DNA 样本的工作已经完成，最终在电脑的帮助下，警方发现 DNA 的样本和雷德很相似。在抓捕雷德的过程中，雷德的女儿也出了不少力。

在雷德被逮捕之前的半个月，他的女儿突然向某新闻网提供了一条爆炸性的消息，她怀疑自己的父亲就是那个被警方追捕了 30 年的 BTK 杀手。警方还对雷德的女儿进行了 DNA 检测，结果显示她的 DNA 和多起凶杀案现场所留下的 DNA 样本十分相似。2005 年 2 月 26 日，警方潜伏在了雷德的住所附近，并在不远处的公路上将雷德逮捕。

雷德被捕之后，警察局在第一时间召开了新闻发布会，公开宣布 BTK 杀手已经被逮捕了。这对于警察局来说可谓是一雪前耻之举，但真正导致雷德被捕的原因还在于他自己。如果雷德不选择和警方密切沟通，从此之后销声匿迹，那么或许 BTK 杀手就成了永远的谜。

接下来等待雷德的便是审判了。不久之后，年近 60 的雷德身着米色西装、打深色领带、戴着眼镜出现在了法庭上。在法庭上雷德告诉法官他放弃选择陪审团的权利，还冷静地承认了自己是 BTK 杀手的身份。从此之后，BTK 就成了变态狂的代名词。

从此，雷德在公众的心中就变成了一个变态杀人狂，但在这之前他却是个普通的中产阶级，有着幸福美满的家庭。雷德出生于一个正常的普通家庭，在念大学时突然跑去参军，在美国空军做了一名机械师，一做就是 4 年。在服役期间，雷德先后到过希腊、土耳其、韩国和日本等国家。退役之后，雷德回到了家乡，并进入大学学习。为了能拿到学士学位，雷德用了 10 年的时间。

用 10 年来拿一个学士学位，对于大多数人来说时间都太长了一点儿，但对于雷德来说，这段时间是丰富多彩的，他除了上学之外，还得工作、结婚和生子，对了，还有杀人。

1971 年，雷德结婚了，妻子是德裔美国人，两人育有一对儿女。夫妻二人的感情也十分融洽，大多数时间都形影不离地待在一起。雷德还十分喜欢去教堂，并且和一个牧师的关系不错，总会给教堂带些意大利酱和沙拉。

1974 年，雷德在一家家庭保安公司找了一份工作，主要负责给客户家中安装监控系统。雷德在这里干了十多年，自从雷德成为这家公司的员工后，这家公司的业绩就开始蒸蒸日上。因为当时的雷德不仅安装监控系统，还杀人。在 BTK 杀手的阴影下，恐慌的人们自然会花钱给家里安装监控系统，而且监控系统还成为当时家家户户必不可少的东西。

在离开这家家庭保安公司之后，雷德找了一份人口普查的工作，并成了外勤业务主管。在周围人的眼中，雷德是个热心肠，不仅积极参与社区的教堂事务，还义务担任了童子军的队长，会耐心地教孩子们打绳扣。

一年后，雷德又到动物监管中心工作。在当地人的眼中，雷德不仅很热情，而且能严于律己。所以在雷德被捕之后，周围人都不相信他居然就是那个臭名昭著的 BTK 杀手。

在审讯中，雷德回忆了自己第一次杀人的经历，他说当时他切断了奥特罗家的电话线，向奥特罗夫妇讨要食物，这也就解释了为什么警察没有发现破门而入和打斗的迹象。当雷德意识到奥特罗夫妇似乎试图记住自己的外貌时就起了杀心。在杀害奥特罗夫妇后，又顺便杀死了他们的一双儿女。雷德还说自己在杀人之前一般都会制订多个方案，主要分为三个步骤，即"钓鱼""猎捕"和"杀死"。在正式开始行动时，雷德就会选择其中一个方案执行，如果失败了，就会换下一个方案。雷德还交代了一个公文包，这个包里面装着绳索和其他作案工具，每次杀人时雷德都会带着这个公文包。

最终，雷德被判处了 10 个终身监禁。在 1994 年，堪萨斯州就恢复了死刑。雷德之所以没有被判处死刑，是因为法庭认为雷德犯下的杀人案件都是 1994 年之前的，所以他只需要对 1994 年之前的杀人案负责就可以了。

【犯罪心理分析】

在雷德这个 BTK 杀手的身上，有一个显著的特征，即截然相反的两面性，残忍杀手和和善中产阶级这两种形象很难被人联系起来。或许正是因为这种伪装，才让警方无法追踪到雷德，毕竟在警察的心目中，雷德绝对是一个合法公民，而且也没有作案动机。

大多数连环杀手通常都是流浪汉，没有稳定的工作、稳定的人际关系，而且都是单身。但这些特征显然都无法在雷德身上找到，因为雷德不仅有稳定的工作和家庭，还有着不错的社交能力。

在 FBI 看来，想要确定一个杀人凶手为连环杀手时，有最重要的两个特征，即至少有三个人被害和被害人基本上都是陌生人。连环杀手之所以会不停地杀人，很大一个原因就是他们对杀人上瘾，一段时间不杀人就会难受。连环杀手在杀人之后，会获得一种心理上的满足感，这种满足会让他们回归到正常生活之中。但不久，这种满足感就会渐渐消失，连环杀手就会变得焦虑起来，会幻想杀人，最终付诸行动。这种杀人的行为一般会在被捕后才会结束。因为对于绝大多数的连环杀手来说，杀人以及杀人的幻想就是获得快乐或者是排遣痛苦的方式。

显然雷德并未中招，雷德在一段时间内频繁作案，但之后却销声匿迹，长达 30 年都没有杀人。而且雷德还能一直戴着和善的面具和妻子生活在一起，他的妻子也从未发现过雷德的反常行为。

虽然雷德在长达 30 年的时间内都没有杀人，但他还是耐不住寂寞选择和警察联系，这么做便可以让 BTK 杀手重新出现在公众的视线中。对于雷德的这种反常行为，警方认为雷德是希望 BTK 杀手可以显得更真实一些，或者雷德希望自己被抓捕。一个专门研究犯罪心理学的教授认为，如果雷德不尽快被抓捕的话，或许会继续杀人。

不论雷德到底是出于什么动机重新出现在公众和警方的视线中，警方都决定公布雷德的信件。这样不仅可以刺激知情者的记忆，还能诱发雷德更大的反应。

作为一个专门研究连环杀手的犯罪心理学副教授，史蒂夫·艾格对雷德十分感兴趣，他认为雷德属于双面连环杀手。在妻子儿女面前，双面连环杀手会表现得十分正常。但当双面连环杀手想要杀人时，就会寻找自己的猎物，此时他们就会以残忍的屠杀者形象出现。

虽然雷德的这种双面行为就像人格分裂一样让人难以理解，但一位连环杀手小说的作者杰克·立文的一个比喻却可以解释："这些杀手的心理就和在死亡集中营中工作的医生一样，工作时冷酷无情，但回到家就会变成正常人，可以和自己的孩子玩耍嬉戏，可以和朋友家人谈笑风生。"

在 FBI 所划分的连环杀手类型中，雷德显然属于有组织杀手。通常情况下，有组织杀手在杀人之前都会制订一个计划，在这个计划中，有组织杀手不仅会设计杀人的过程，就连逃跑路线也会制订好。此种类型的连环杀手虽然会杀陌生人，但在选择目标时，却十分小心，所以基本上不会失手。

对于警方来说，有组织杀手是种危险的存在，而且很难被抓捕，因为他们不仅有很强的社交能力，还具有一定的反侦查能力。在案发现场，有组织杀手通常不会留下什么有价值的线索，还会带走自己的作案工具。此外，有组织杀手还具有很强的自控能力。

第七章

吹牛皮的杀人王——亨利·李·卢卡斯

一个心理变态的人想要恢复正常，人际关系对他来说十分重要，如果他能融入社会中，那么他就会摆脱变态的心理，变成正常人，可是这很难。绝大多数的精神疾病患者终其一生都无法摆脱变态的心理。当然也有少数患者随着年龄的增长而渐渐学会融入社会，他的精神状态也会随之恢复正常。

　　1982 年 10 月，美国得州警方接到报案，这是一起失踪案，失踪者是一名寡妇。不久之后，这名寡妇便被找到了，她的尸体被遗弃在公路旁边的灌木丛中。根据目击证人的证词，这名寡妇应该随身带着一个手提袋，但在发现尸体的现场并未找到。警察觉得手提袋一定在凶手那里，这显然是一起凶杀案。

　　为了寻找线索，警方决定从过往的车辆查起。巡警在排查一个白种男人的汽车时，在他的车后座上发现了一个可疑的手提袋，这个手提袋与被害人的十分相似。接下来，这位男子便接受了警方的例行检查。嫌疑人的名字叫亨利·李·卢卡斯，身材高大而且强壮，如果忽略掉左眼残疾的缺陷，他的长相还算英俊。警方在卢卡斯的汽车后备厢里发现了具有危险性的工具，除此之外，警方并未发现更加可疑的迹象，但最终警方还是选择扣留了卢卡斯，罪名便是携带危险武器。

　　警察在对卢卡斯进行了一番调查后，发现卢卡斯与寡妇被害案没有关系。首先是那个可疑的手提袋，虽然与被害寡妇的很相似，但并不是被害人的。其次卢卡斯有不在场的证明，卢卡斯有一张加油站的收据，这说明在寡妇被害时，卢卡斯正在 320 多公里之外的公路上，根本没有作案的机会。这两项证明并没有帮助卢卡斯离开令他讨厌的警察局，因为警察认定他不是好人，原因是车上的那把工具。

　　如果卢卡斯能耐住性子，那么不久之后警察就不得不让他恢复自由。但让警察震惊的是，卢卡斯居然主动交代了自己 20 多年的杀人经历，告诉警察他从 15 岁起就开始杀人，一共杀了 360 ~ 600 人，被害人主要是美国人，他在去欧洲和日本游玩的时候，也杀了不少人。卢卡斯还供出了自己的作案同伙奥缇斯·艾尔伍德·图勒。至此，卢卡斯刷新了连环杀手杀人的最高数量，到目前为止，还没有人能超过他。

　　警方当然不相信卢卡斯能杀掉这么多人而依然逍遥法外，就对卢卡斯进行了调查。虽然调查的结果显示被害人远不像卢卡斯信口开河说的那么多，但至少有 150 人遭到了卢卡斯的毒手。当然卢卡斯也可能并不是在吹牛皮，毕竟他的杀人事业是跨国、跨洲型的。

不久之后，那个名叫图勒的人也被捕了，此人和卢卡斯一个德性，对自己的杀人行为扬扬得意，不仅炫耀式地向警方叙述他们的杀人经历，而且每天都令警察耳目一新，同时掌握大量的作案细节。

根据卢卡斯的供述，警方发现卢卡斯所言真真假假。卢卡斯说自己曾在国外杀人，但警察并未发现卢卡斯有出国的记录。卢卡斯说自己曾在弗吉尼亚杀害了一名女性教师，但根据警方的调查，那名女子依然活着。这名女子也说自己从未见过卢卡斯。卢卡斯还说在 1979 年时，他在得州的公路上杀掉了许多搭车女子，但警方的调查结果却是 1979 年卢卡斯根本不在得州。

除此之外，卢卡斯还供述了许多真实的谋杀案件，他所说的被害人的姓名、职业、遇害地点、遇害时的穿着以及致命伤都是正确的。但警察却觉得这并不能说明卢卡斯没有说谎，毕竟这些谋杀案都被刊登在报纸上，卢卡斯完全可以通过看报掌握这些信息。不过卢卡斯为了让警察注意听他讲话，还会时不时地透露出一些并未公开的案件细节。

有一次卢卡斯告诉警察，图勒曾经杀死了一个名叫亚当·沃什的 6 岁儿童。在警方的调查档案中，亚当·沃什确实已经失踪了很长时间。警察随即对图勒进行了审讯，图勒承认后马上又矢口否认。警方只好反过来询问卢卡斯，卢卡斯说图勒曾经亲口告诉他，他的确杀死了亚当·沃什。当警察要求卢卡斯透露一些重要的案件细节时，卢克斯却以记不清为由搪塞过去。不久之后，卢卡斯又告诉警察，亚当·沃什不是图勒杀死的，那是图勒在吹牛。

在帮助警方寻找被害人尸体时，卢卡斯表现得十分配合。但是警察却只找到了 6 起谋杀案的被害人尸体。根据卢卡斯的供词，应该还有更多的被害人。可是卢卡斯却告诉警察，他只记得自己杀死了好几百人，但具体细节都记不清了。当然，卢卡斯所说的情况的确存在。但警察却认为，有些谋杀案实际上根本不存在，只是卢卡斯幻想的，也就是说卢卡斯的精神状况不太正常。

警方还发现卢卡斯是个耐性很差的人，每当他觉得监禁生活很枯燥时，就会找到警察，爆料一些重磅案件细节。但当警察准备对他进行详细的审讯时，他却告诉警察："我现在很疲惫，什么也不想说了。等我再生的时候，会告诉你们更多的事情。"警方很快就被卢卡斯的这种把戏弄得无可奈何，并认为卢卡斯这么做就是避免自己被警察遗忘，他对自己的杀人罪行很骄傲，每过一段时间都会把警察找来，重新体验一回骄傲感。

1996 年，卢卡斯的老伙计图勒死了。卢卡斯便交代了亚当·沃什的被害事实，不仅确认图勒的确是凶手，而且还说出了亚当·沃什的尸体被藏在了哪里，最终他还描绘了藏尸地点给他带来的感受，在卢卡斯看来很恶心。很快，警察就真的找到了亚当·沃什的尸体。

在审讯中，卢卡斯还回忆了他第一次杀人时的经历。卢卡斯声称自己从 13 岁时就开始杀人。那时，他想要强奸一个 17 岁的少女，但却遭到了少女的激烈反抗。混乱之中，卢卡斯掐住了少女的脖子，等卢卡斯恢复平静后发现，少女已经没有了生命迹象。在卢卡斯的心中，性和杀人是一样的。如果被害人不抵抗，顺从他，那么他就不会强迫，也不会杀死对方。就像卢卡斯说的那样："只要能做爱就行。"最后，卢卡斯说他把少女的尸体抛在了河边的树林里。在叙述第一次杀人经历时，卢卡斯显得扬扬得意。

为了确定卢卡斯所言属实，警方到卢卡斯幼年生活的地方进行了调查，结果说明卢卡斯在撒谎，当地根本没有发生过少女被害案件。或许，卢卡斯并未说谎，他故意说错了时间和地点。或许，在卢卡斯的幻想中，这起少女谋杀案件是真实存在的，毕竟卢卡斯有精神分裂症，这导致他分不清现实和幻想。

卢卡斯被诊断为精神分裂症是因为他杀掉了自己的母亲维奥拉，后来在法庭上，卢卡斯的律师展示了卢卡斯悲惨的童年经历。最终法官采纳了精神病专家的意见，随后卢卡斯以精神分裂症患者的身份进入精神病院接受调查。

卢卡斯之所以会杀掉自己的母亲，是因为他从小就饱受母亲的折磨。1936 年，卢卡斯出生于弗吉尼亚一个十分贫困的地方。卢卡斯的父亲是个酒鬼，曾在一次醉酒中跌在铁轨上，并被碾断了双腿，丧失了劳动能力。卢卡斯的母亲不仅是个酒鬼，还吸毒，她的经济收入来源于皮肉生意。虽然在卢卡斯的记忆中父亲是个一事无成的人，但最起码不像母亲那样咒骂和殴打他。

对于维奥拉来说，卢卡斯就是她的出气筒，只要她觉得不顺心，卢卡斯就得遭殃，卢卡斯残疾的左眼就是母亲的杰作。在卢卡斯 12 岁时，他的头部受到了重创，始作俑者便是母亲。或许正是这次受伤，让卢卡斯变得冷血起来，也造成了他的精神分裂。

卢卡斯从小就是个没有同情心的人，这或许与长期受虐待是分不开的。在幼年时期，被卢卡斯残害的对象大多是一些力量不如他的小动物，例如鸽子、小老鼠和猫狗等。抓住小动物后，卢卡斯都会把它们折磨死。在看到因为受折磨而痛苦不已的小动物时，卢卡斯不仅不同情，反而觉得非常有趣。

母亲长期的殴打和责骂已经成为卢卡斯生活中的一部分，他已经习以为常。最让卢卡斯忍受不了的是母亲对他的精神折磨，母亲总是喜欢把卢卡斯打扮成一个小姑娘的样子，还让卢卡斯穿着裙子去上学。卢卡斯为此总会遭到同学们的嘲笑，他不仅无法得到母亲的关爱，就连从同龄人那里获得心理慰藉的权利也被母亲剥夺了，他身为男孩的尊严完全被践踏。这或许也是卢卡斯成为双性恋的根源所在。

对于一个正常男子来说，性冲动是在所难免的，但重要的是可以控制住。卢卡斯显然没有这种能力，在他的认知里，只要有性冲动了，就必须得找人解决，根本没有必要控制。这种不正常的性观念也和母亲有着很深的渊源，他母亲的接客地点总是选择在家中，不会觉得卢卡斯不适合看到这些，甚至还经常当着卢卡斯的面做爱。有一次，维奥拉在和一个客人做爱后，居然开枪打中了对方，鲜血甚至都溅到了卢卡斯的脸上。这种场景给卢卡斯留下了十分深刻的印象，并让卢卡斯把性和鲜血联系起来，在之后的人生中，杀人与做爱便成了卢卡斯的最爱。

在卢卡斯 13 岁时，他那无用的父亲死了。那是个寒冷的冬天，地上还有不少积雪，卢卡斯的父亲像往常一样喝得酩酊大醉，然后在雪地里睡着了。当人们发现他的时候，他已经变成了冰冷的、僵硬的尸体。

在卢卡斯 23 岁时，他的人生迎来了一个关键的转折，如果不是母亲，或许他可以因此走上正常人的道路。卢卡斯认识了一个名叫莎拉的女孩儿，两人的感情很不错，并且很快订婚。就在这个时候，恶魔般的母亲又出现了，她反对卢卡斯结婚，说自己不喜欢莎拉。问题并不在莎拉身上，在维奥拉心中，儿子卢卡斯就是自己的玩具，是自己私有的，不能与人分享。但是维奥拉却忽略了，卢卡斯是一个人，而且已经长大，不可能永远像小时候那样接受她的控制。面对维奥拉的百般刁难，莎拉决定离开卢卡斯，她不想自己以后的婚姻生活被维奥拉搅得鸡犬不宁。

莎拉的离开彻底激怒了卢卡斯，盛怒下的卢卡斯失去了理智，和母亲发生了激烈的争吵，后来他忍不住掐住了母亲的脖子，顺手拿起餐桌上的菜刀，向母亲砍去。维奥拉最终身中数刀而亡。看着倒在血泊中的母亲，卢卡斯不仅没有恢复理智，而且还疯狂地强奸了母亲的尸体。

母亲的死直接导致卢卡斯被捕，公诉人想尽办法让卢卡斯被判处死刑，但碍于卢卡斯的精神状态不正常，最终法官让卢卡斯到精神病院接受治疗。如果不出意外，卢卡斯就要在精神病院内度过余生了，人们也渐渐忘记了这个杀人犯。10 年后，精神病院的医生们相信卢卡斯已经恢复正常了，便决定让卢卡斯恢复自由，就这样，获得假释的卢卡斯回到了社会中。

离开精神病院后不久，卢卡斯便开始寻找"猎物"。他总是在美国各州的公路上寻找目标，在选择"猎物"时，卢卡斯向来是来者不拒，年龄跨度有 70 岁之大。但卢卡斯只会向孤身一人的路人下手，而且都得是女性，这样的人比较容易被制服。每当卢卡斯发现抛锚的车后，就会停下车，然后假装要提供帮助的模样。在接近这些孤立无援的女性时，卢卡斯就会拿出刀子猛烈地刺向对方，在确定对方死亡后，卢卡斯就会强奸对方的尸体。这种作案过程与杀死母亲时如出一辙。

1976 年，卢卡斯认识了图勒，这是一个有着异装癖的疯子。图勒比卢卡斯小 11 岁，在认识后就决定结伴而行，两人不仅合作杀人，还是一对恋人，因为卢卡斯是双性恋，而图勒则是个同性恋。在杀人时，卢卡斯喜欢虐待，等人死后，卢卡斯便会和尸体做爱。图勒也有着相同的爱好，同时还喜欢吃人肉。卢卡斯在图勒的怂恿下，也尝过人肉的味道，但觉得那滋味并没有图勒形容的那样美妙。

卢卡斯和图勒的这种恐怖关系一共维持了两年左右，后来因为图勒的侄女贝奇·鲍维尔而破裂。鲍维尔认识卢卡斯的时候才 15 岁，卢卡斯告诉警方，他和图勒在杀人时都不会避开鲍维尔。不过卢卡斯并没有说鲍维尔到底有没有参与他们的杀人活动，警方也无法确认，因为卢卡斯被捕时，鲍维尔已经死了。

卢卡斯对鲍维尔的热情让图勒很不爽，这激起了图勒的嫉妒和愤怒，所以在卢卡斯和鲍维尔同居后，图勒愤然离开了他。对于图勒的态度，卢卡斯很不解，毕竟在他心中图勒是他的男性情人，而鲍维尔则是他的女性情人，而且他还在鲍维尔的身上看到了前未婚妻莎拉的身影。

鲍维尔与卢卡斯的关系并未持续很长时间，不久之后鲍维尔就死了，是被人谋害的，尸体被肢解后放在了枕头套里，然后被丢在了荒野之中，凶手很可能就是卢卡斯本人。这或许说明，因为母亲的原因，卢卡斯对女性是憎恨的，虽然母亲已经死了，但他对母亲的憎恨并未消失，就如同他所说的那样："没有哪个孩子像我一样有着那样的童年，从小我就恨透了母亲，这份恨意根本无从发泄。"警方认为，卢卡斯在杀害每个女性的同时，实际上都是在把母亲重新杀死了一次。令人难以理解的是，在卢卡斯和图勒相处的两年中，他们都没有杀掉对方，图勒也没想尝尝卢卡斯的味道。

在卢卡斯被捕之后，他先是被判处了死刑，后来因为被诊断为妄想型精神分裂症，死刑便被减为 6 个终身监禁。1998 年，得克萨斯州法院重新判处了卢卡斯死刑。虽然后来美国总统签发了他的缓刑令，但最终他还是被处死了。

【犯罪心理分析】

与许多连环杀手一样，卢卡斯的童年同样充满了暴力。卢卡斯与母亲之间的关系十分糟糕，他的母亲根本不会关心他，所以卢卡斯也无法从母亲那里学习爱的能力。在一个人的成长过程中，幼年时期母亲的关爱十分重要，人们不仅享受这份关爱，也会从这份关爱中学到爱的能力，即关爱他人的能力，这种能力可以帮助人们建立良好的人际关系。显然，这种在人际交往中必不可少的爱的能力在卢卡斯很小的时候就被母亲剥夺了。

如果说幼年时期，母亲的角色必不可少，那么当一个人进入青春期后，母亲的重要性就会渐渐消退，同龄人开始占据重要的地位。对于许多青少年来说，朋友比父母还要重要。虽然这种认知显得很幼稚，但却可以说明同伴对同龄人的重要性。可是在母亲的影响和控制下，卢卡斯没能被同龄人接纳。在卢卡斯的人生中，有一个颇为引人注意的转折，即和他订婚的莎拉。虽然当时卢卡斯已经 20 多岁了，但他依然可以从莎拉的身上寻找到心理上的满足感，或者学到爱的能力和建立良好的人际关系。但显然，这个关键的转折被母亲打断了。

在卢卡斯的案件被公开后，人们开始探寻他的杀人动机，结论却是他想杀人，这或许也是所有连环杀手的杀人动机。卢卡斯曾提到过"死亡之手"，说他的许多杀人行为都是在死亡之手的指导下完成的。这是典型的精神分裂的表现，此种类型的连环杀手的心理状态与正常人不同，他们在选择杀人目标时，会尽量避开警方的调查，但会出现食人或恋尸癖等许多异常的行为。

不少犯罪心理专家认为，连环杀手之间也存在着竞争，不希望别的连环杀手盖过自己的风头。有些连环杀手还十分关注同类的动向，例如泰德·邦迪这个有组织杀手就是许多连环杀手的偶像，不少警方所抓获的连环杀手的家中都有大量关于邦迪的资料。邦迪不仅有很强的反侦查能力，还能进行犯罪心理侧写，他还是连环杀手中唯一的博士。

据说一名警察在调查绿河杀手时曾经接到了邦迪的来信，在信中，邦迪自信满满地告诉警方，他可以描绘出一个连环杀手真实的内心世界。邦迪这么做的原因自然不是想帮警察抓住绿河杀手，而是想重新引起警察的注意或者是公众的关注。这种心理在卢卡斯及其同伙图勒的身上也可以看到。杀人是一种十分严重的罪行，这是所有人都有的常识，卢卡斯和图勒自然也知道，但即便如此，他们还是向警方炫耀自己的杀人经历，甚至在杀人数量上大做文章。

不少连环杀手都有在精神病院接受治疗的经历，他们往往在第一次杀人后因为精神问题而被送进精神病院，然后会恢复理智，但在恢复社会生活不久之后就会变成连环杀手。这就引出了一个问题，那些已经犯下杀人案的精神疾病患者是否能被治好？卢卡斯接受了10年的治疗，在精神病院内表现得很正常，但却在离开精神病院后走上了疯狂连环杀手的道路。有的连环杀手接受了更长时间的治疗，但效果依旧不明显。甚至可以说，精神疾病比癌症更难治愈。

一个心理变态的人想要恢复正常，人际关系对他来说十分重要，如果他能融入社会中，那么他就会摆脱变态的心理，变成正常人，可是这很难。绝大多数的精神疾病患者终其一生都无法摆脱变态的心理。当然也有少数患者随着年龄的增长而渐渐学会融入社会，他的精神状态也会随之恢复正常。

第八章

天才变杀手——西奥多·凯辛斯基

　　凯辛斯基这样一个数学天才最后成了一个炸弹杀手，除了价值观的驱使外，还有一个很重要的原因，那就是凯辛斯基无法建立稳定的人际关系。由于智商很高，凯辛斯基从小就开始跳级，在他周围，都是一些年龄比他大的同学，他无法和别人互动，从而对社会人际交往没了兴趣，陷入了孤独之中。

　　"联邦调查局就是个笑话"，这样的狂妄之言如果从其他人口中说出，或许会带着些轻蔑的意味，但如果是西奥多·凯辛斯基说出的，那么就显得合情合理了。凯辛斯基是公认的天才，是个智商高达167的数学家，同时也是被美国联邦调查局追踪了17年的"大学航空炸弹怪客"。

　　凯辛斯基的父母是波兰移民，他出生于美国芝加哥，从小就显得比普通孩子要聪明。在凯辛斯基小学五年级时，参加了智商测试，并且一举拿下全校最高分——167分。之后，凯辛斯基就开始了跳级。在学业上，凯辛斯基的智商完全可以应付。但他的情商显然与智商不匹配，他的同学都比他年长，他在融入的过程中很不自在，就好像与同学们之间存在着一条无法逾越的代沟。时间长了，凯辛斯基便不再努力处理人际关系，开始变得独来独往起来。

　　凯辛斯基的智商优势在高中时代彻底显现出来，他不仅提前两年毕业，而且还被哈佛大学的数学系破格录取，那一年他才16岁。4年后，凯辛斯基以全优的成绩从哈佛大学毕业，并且进入密歇根州立大学继续攻读硕士、博士学位。

　　凯辛斯基在开始攻读博士学位后不久，就被导师乔治·皮拉尼安发现了他的数学天赋。皮拉尼安把一道数学难题交给这位数学天才，这是一道困扰了他十多年的数学题。凯辛斯基只用了几个月的时间就解决了这道数学难题。

　　很快，凯辛斯基的毕业论文就完成了。在老教授们看了凯辛斯基的论文后，都得出了一个结论："看不懂！"其中一位老教授还感叹道："全国上下，能读懂并欣赏这篇论文的人，恐怕只有10到12个人吧。"

　　这个时候的凯辛斯基可谓是光芒万丈，周围的人都十分看好他的学术前途。凯辛斯基在获得博士学位后，就接受了导师皮拉尼安的邀请，留校工作。1967年，凯辛斯基接到了加州大学伯克利分校的聘书，此时凯辛斯基才25岁。对于许多人来说，这都是一份不错的工作。但凯辛斯基只工作了不到两年就辞职了。

　　后来，凯辛斯基自称，在他20岁时就已经完成了对自我世界观的塑造，那个时候他还是哈佛大学的学生。凯辛斯基认为建立在科技基础上的工业文明社会会使人类渐渐失去自由，因为人类会对机器越来越依赖。

1971 年，无业游民凯辛斯基回到家乡与父母居住在一起。不久之后，凯辛斯基就在蒙大拿州的林肯镇买下了一块地，这里远离人群，十分偏僻，这恰恰也是凯辛斯基看好这里的原因。凯辛斯基在这里自己动手搭建了一个木头房子。从此之后，凯辛斯基就过起了原始人的生活。在这栋木屋内，没有电灯、电话和自来水，凯辛斯基晚上想看书，还得点蜡烛；在取暖和做饭时，都得自己动手砍柴；食物也都是自己种的菜或捕猎的动物。

这种原始的生活对于普通人来说，是难以接受的，毕竟我们已经习惯了在工业文明所营造的人类社会中生存。但这对凯辛斯基来说，不仅很容易就接受了，他还觉得原始的生活是与世隔绝的幸福。凯辛斯基从 11 岁时就开始向往这种生活，那时他读过一本和史前人类有关的书。

凯辛斯基之所以变成了"大学航空炸弹怪客"，是因为工业文明打破了他的宁静生活。凯辛斯基后来回忆道："我对政治一点儿兴趣也没有，如果不是有人在这里砍树铺路，我会在这里住一辈子。但是在我隐居了 11 年后，旅游的人经常出现在我的生活中，打破了我的宁静生活，这让我十分失望，于是就决定报复社会。"

凯辛斯基决定用炸弹的方式来报复社会，但这需要经费，于是凯辛斯基就打起了零工，但这样赚取的小钱远远不够，后来他又得到了父母的资助。对于许多人来说，工业文明是进步的，但凯辛斯基却觉得这是一种倒退，人们应该回归到原始生活之中，所以他决定用炸弹来唤醒人们摆脱工业文明。他还给自己报复社会的行为起了一个"炸弹运动"的名字。

1978 年 5 月 26 日，美国西北大学发生了一起邮包炸弹事件。美国烟酒枪械药品管理局在接到学校的报案后，立刻赶到案发现场，在经过一番鉴定后得出一个结论，这枚炸弹是私人制作的（其实就是凯辛斯基的作品）。后来警方也介入调查之中，但并未找到嫌疑人，这起案件也就不了了之了。

1979 年 5 月 9 日，西北大学又发生了一起邮包炸弹事件，被害人是一个名叫约翰·哈里斯的土木工程系研究生。由于这是一枚威力不大的袖珍炸弹，所以哈里斯并没有什么大碍，只是双手被烧伤和脸部被熏黑罢了。

与此同时，FBI 也接到了报警电话，并且很快赶往机场，一架从芝加哥飞往华盛顿特区的客机，在起飞 15 分钟后，行李舱突然发生了爆炸，飞机只好迫降。经过一番检查后，FBI 特工找到了一个邮包炸弹。这枚邮包炸弹由于密封不严，装着炸药的钢管内部根本无法产生巨大的压力，所引起的爆炸威力也很有限。虽然这起炸弹事件并未造成严重的后果，但依旧引起了 FBI 特工的重视，可是 FBI 特工并未调查出什么有价值的线索，就连嫌疑人都没有确定，为此联邦调查局还专门成立了一个专案组。美国政府也十分重视这起爆炸案件，给出了 100 万美金的悬赏。这起案件自然是凯辛斯基所为，他之所以往飞机上送炸弹，就是因为他十分讨厌飞机。

1982 年 5 月，宾夕法尼亚州立大学的菲舍尔教授的私人秘书珍妮特被一枚炸弹炸伤了。这枚炸弹是从美国中西部杨百翰大学寄出的，收件人是菲舍尔教授。当时，菲舍尔教授已经离开宾夕法尼亚州立大学两年了，在范德比特大学任教。菲舍尔教授的一位同事在接到这个邮寄包裹后，就把它送到了菲舍尔的办公室内。当时菲舍尔教授正好到外地讲学去了，所以当珍妮特打开邮寄包裹后，就被炸弹所伤。联邦调查局的专案组在接到报案后，立刻对这枚邮包炸弹进行了检查，并且发现了新的线索，装着炸药的钢管内有凶手写下的两个大写英文字母"FC"，这是"Freedom Club"的缩写，意思是自由社团。这是凯辛斯基故意留下的线索，目的是给 FBI 特工造成迷惑，让 FBI 特工把调查目标放在自由社团这个组织上。

在凯辛斯基长达 17 年的炸弹运动中，有不少人受伤，还造成了 3 人死亡。1995 年 4 月 24 日，凯辛斯基寄出了自制的最后一枚炸弹，收件人是加州林业协会的总裁吉卜特·莫里，他被炸弹炸死了。

此外，凯辛斯基还寄出了 3 封信。其中一封信寄给了耶鲁大学计算机科学教授大卫·加勒特，他曾经被凯辛斯基的炸弹袭击过，虽然没有丧命，但却失去了几根手指，在这封信中凯辛斯基嘲笑他"会笨到打开一个陌生的邮件"，如果加勒特当时不打开那份陌生的邮件，那么也不会被炸弹所伤。加勒特是凯辛斯基的老朋友，在得知凯辛斯基被捕后，他并未怨恨凯辛斯基，同时还对凯辛斯基所提出的理论表示了赞同，处于工业文明社会的人类的未来，真的是危险重重。收到凯辛斯基来信的还有遗传学家理查·罗伯特和飞利浦·夏普，他们曾经在 1993 年获得了诺贝尔奖。在这封信件中，凯辛斯基警告这两位遗传学家，要尽快停止他们的基因研究。《纽约时报》和《华盛顿邮报》这两家在美国颇具影响力的报刊也接到了凯辛斯基的来信，凯辛斯基扬言，如果《纽约时报》或《华盛顿邮报》能发表他的宣言，那么他就停止炸弹运动。

凯辛斯基的威胁让《华盛顿邮报》和《纽约时报》陷入了两难的境地。如果他们答应凯辛斯基发表他的文章，那么可能会引起社会恐慌，毕竟这是司法部牵头追踪的案件。如果他们拒绝了凯辛斯基，那么凯辛斯基可能会继续引爆炸弹。最终两家报社的负责人把皮球踢给了美国司法部，并很快得到了回信——发！

最终，凯辛斯基的这份 35000 字的、名为《工业社会及其未来》的宣言被《纽约时报》和《华盛顿邮报》以手册的形式散发给了民众。《工业社会及其未来》的宣言小册子影印了凯辛斯基的字迹，这是 FBI 出的主意，目的是让公众识别字迹，从而找到凶手。这个办法起到了一定的作用，凯辛斯基的哥哥戴维告诉 FBI 特工，这字迹与凯辛斯基很相像。

起初戴维也没有注意到《工业社会及其未来》的字迹与凯辛斯基的相像，但戴维的妻子琳达却提醒他，凯辛斯基很有可能就是那个恐怖分子。凯辛斯基很早就开始了隐居生活，所以琳达并未和凯辛斯基见过面，也就是说她的怀疑纯属是建立在女人的直觉上的。

琳达为了验证自己的怀疑，就翻箱倒柜，找到了凯辛斯基曾经写给戴维的信件。戴维把信件和宣言的字迹进行了对比，但还是不敢确定，于是就找了一位私家侦探，对凯辛斯基展开了暗中调查，并把搜集到的情报交给一位华盛顿的律师进行分析、整理。不久之后，戴维就带着这些证据找到了 FBI，并且获得了 100 万美元的奖励。两个月后，凯辛斯基在自己的小木屋内被 FBI 特工逮捕。

1998 年 5 月，凯辛斯基被判处终身监禁，而且不得假释。在监狱内，曾经有人向凯辛斯基问过一个问题："你会因为囚徒生活而变得癫狂吗？"凯辛斯基回答道："不会，最让我担心的是，我会适应这里的生活，当我不再憎恨这种生活后，我或许就会忘记与大自然亲密接触的感觉。那样的话，我的心灵就被工业文明社会给损害了。"

在凯辛斯基所写的《工业社会及其未来》中，他认为人类的未来只有两种命运，或被高智能化的机器所控制，或被操纵机器的精英控制。这两种结果，不论是哪种都会让人类彻底丧失自由。如果社会真的被少数精英所掌控，那么他们就会采用宣传的手段或生物技术，降低人口出生率，这会加速人类的灭亡。或许有些心慈手软的精英会利用科技，使大多数的人都生活在快乐之中，此时人类的生理和心理结构已经被科技所改造。这种人类尽管幸福，但并不自由，因为他们依赖精英而生存，成了精英的附属品，一旦没有了精英的照顾，生活就会变得非常悲惨，就好像宠物一样。

【犯罪心理分析】

凯辛斯基这样一个数学天才最后成了一个炸弹杀手，除了价值观的驱使外，还有一个很重要的原因，那就是凯辛斯基无法建立稳定的人际关系。由于智商很高，凯辛斯基从小就开始跳级，在他周围，都是一些年龄比他大的同学，他无法和别人互动，从而对社会人际交往没了兴趣，陷入了孤独之中。

20世纪40年代，维也纳的一位儿科医师提出了"艾斯伯格症候群"，该症患者的精神状态通常处于孤僻的状态中，凯辛斯基显然就中招了。凯辛斯基不仅主动选择和人类社会隔离，过起了隐居的生活，而且缺乏同情心。如果凯辛斯基有同情心，他就不会制造炸弹，因为那不仅会给人带来伤害，而且会导致人丧命。在凯辛斯基的老朋友加勒特因为他的炸弹受伤后，凯辛斯基不仅不内疚，反而写信嘲笑他。

第九章

被狗驱使的山姆之子——大卫·柏克威兹

连环杀手被捕之后，往往会成为众星捧月的采访目标，因为人们都很好奇他们的作案动机。但是答案却让大多数人无法接受，因为连环杀手觉得杀人可以让他兴奋，甚至还能体会性高潮的快感，"山姆之子"在杀人时都会出现勃起的情况。此外，他们也不会有愧疚。如果一个人因为杀人出现了愧疚心理，那么他就不会连续作案。

1976 年 7 月 29 日的凌晨，纽约的布朗克斯区发生了一起枪杀案。当时，多娜·劳里亚一家和乔迪·瓦伦蒂在聚餐。吃完饭后，他们就驾车回家。到了家门口时，劳里亚夫妇便回家休息了。车内只留下了多娜和她的好友乔迪，不久之后他们就遭到了一名陌生男子的枪击。最后，多娜因为颈部中弹当场身亡，乔迪比较幸运，只是股部中弹，并未危及生命。

警方本以为这只是一起普通的枪击案，但几个月后的另一起枪击案让警察意识到这绝不是普通枪击案那么简单。在多娜身亡的几个月后，纽约的皇后区又有两个年轻人遭到了枪击。卡尔·德纳若和罗斯玛丽·凯南是一对年轻的情侣，在遭受枪击的当晚，他们正在车内聊天，突然出现了一个陌生男子朝着他们开枪。虽然德纳若的一片颅骨被击碎了，但好在没有生命危险，而凯南也只是轻微擦伤而已。

就在警方为破案努力搜集线索的时候，又接到了一起枪击案的报案，这次被袭击的是两个年轻的姑娘，地点还是纽约的皇后区，而且案发时间是深夜。虽然两名被害人都没有生命危险，但其中一个姑娘却因为被击中了脊椎，而造成了终身瘫痪。接二连三的枪击案，让警方觉得这很有可能是一系列黑帮犯罪案件。

两个月后，沉寂了一段时间的凶手再次动手了，他的枪口瞄准了一对年轻的情侣。克里斯蒂娜·弗伦德和约翰·迪尔是一对情侣，在 1977 年 1 月 30 日的凌晨，他们两人商量着去纽约皇后区的一家舞厅，结果却在路上遭到了凶手的袭击。结果约翰只是被子弹擦伤了，而克里斯蒂娜则被子弹击中了要害，虽然她被送进了医院进行抢救，最终还是死于这场枪击。这时，警方才恍然觉得这极有可能是一起连环杀人案。

两个月后，一个年轻的女学生也死在了凶手的枪下。当时这名女学生正准备回宿舍，结果却被凶手拿着枪瞄准了她的头部，当时她还试图用手中的书挡着子弹，但子弹依旧要了她的命。

一个多月后，又一对情侣遭到了凶手的枪击，当时正值凌晨。在被袭击后，其中一个人被及时送到了医院，但不久因为抢救无效死亡。另一个人则当场毙命。

在案发现场，警方发现了和前几起案件一样的子弹。最重要的是，警方还找到了一封凶手的信件。在这封信中，凶手以"山姆之子"自称。凶手还提到了自己的父亲，在他的心中，父亲就是一个嗜血的怪物，他从小就被父亲囚禁和虐待。凶手之所以自称"山姆之子"，就是因为他的父亲叫山姆，他的种种恶行也是在老山姆的指引下完成的，因为老山姆老了，只能指使他做坏事。

后来，《纽约日报》的一位专栏作家也收到了凶手的信。在这封信中，凶手提到了自己的杀人动机，他杀人就是为了帮老山姆搜集血液。在搜集够血液之前，凶手是不会停止杀人的。在信件的结尾处，凶手还不屑地向警方发出了挑衅，并且暗示在 7 月 29 日时他会再次杀人，因为在去年的 7 月 29 日，凶手就杀死了一名女子。

一时间，纽约陷入了恐慌之中，所有人都担心凶手的枪口会瞄准自己。与此同时，警方也十分紧张，他们不可能允许凶手再一次作案，所以警方便在多娜被杀的案发现场安插了大量的警察。29 日那天，纽约并未发生枪击案。但在 31 日那天，一对情侣却在布鲁克林区遭到枪击，虽然两人都被子弹击中了头部，但其中一人却因此丧命，另一个人虽然幸运地保住了性命，但双眼却失去了 80% 的视力。

从此之后，这位山姆之子就消失了，再也没有犯案，这也给了警察喘息的机会。在第一起枪杀案件中，警方起初认为这可能是一起情杀案，被害人多娜一定是凶手追求不到的意中人。在排查过后，警察开始觉得多娜可能是被一个陌生的疯子杀死的。此外，警察还从幸存者那里得知了凶手的射击姿势，觉得凶手很有可能是一名警察，因为他的射击姿势听起来很专业。

后来，随着类似案件的频频出现，警察在案发现场发现的弹头也都出自同口径的手枪，警察才觉得凶手极有可能是同一个人，这是一个连环杀手。最终警方根据目击证人和幸存者的证词，大致了解了凶手的外貌特征。警方认为凶手的身高应该在 170 厘米到 175 厘米之间，年龄在 25 岁到 30

岁之间。但这些证据显然少得可怜，想要找到凶手无异于大海捞针。

不久之后，警方就收到了凶手的来信，根据这封信，警方觉得凶手很可能患有偏执型精神分裂症，因为凶手自称山姆之子，而且还说自己是被恶魔附身了。警方开始根据手中掌握的线索对纽约的持有与凶手相同口径手枪的人以及精神病患者一一进行了排查，但还是没有找到凶手。有目击者告诉警方，他曾看见过凶手开着一辆大众汽车，于是警方就开始对纽约的大公汽车进行排查，结果依旧是一无所获。

考虑到凶手总是对年轻恋人下手，警方就开始让一些警察假扮恋人，然后在凌晨时分出现在案发现场的附近，可是依旧没有找到凶手。就在警方对这起连环杀人案头疼的时候，案件恰恰出现了转机。

1977 年 6 月 10 日，杰克·卡萨拉收到了一封莫名其妙的信，信中有一张德国牧羊犬的照片，而且还提到了杰克曾从屋顶上摔下来过。杰克后来根据这封信找到了卡尔夫妇。见到卡尔夫妇后，杰克便对他们说："你们的信寄错人了吧，我从来没有从屋顶上摔下来过。"

卡尔夫妇也很奇怪，因为这封信根本不是他们寄去的。当卡尔夫妇看到那张德国牧羊犬的照片后倒是想起了之前发生的一件奇怪的事。卡尔夫妇曾经收到过两封匿名信，信中抱怨他们的爱犬太吵。不久之后，卡尔夫妇的爱犬就被陌生人用枪打伤了。就连邻居家的那条牧羊犬也没有幸免。

卡尔夫妇的儿子史蒂芬想到了一个奇怪的人，这个人名叫大卫·柏克威兹，曾经是家中的租客，他曾经抱怨过狗叫声。后来，卡尔夫妇报警了，并且把所知道的情况都报告给了警察。但这条线索并未引起警察的注意，警方也不觉得枪击案与柏克威兹有关。

不久之后，警方又掌握了一条线索，有人报告说，柏克威兹曾经在案发现场出现过。此时，警方才对柏克威兹进行了调查。调查发现，柏克威兹不仅体貌特征与凶手很相似，而且还有当过保安的经历，这让他学会了熟练地使用手枪。后来警方还把山姆之子的信件与卡尔夫妇收到的匿名信进行了比对，结果发现两者的字迹十分相似。有了这些证据，警方便开始想办法逮捕柏克威兹。在柏克威兹被成功抓获时，他没有反抗，反而对警察说："怎么这么久才抓住我？"

在之后的审问中，警方发现柏克威兹的那位虐待他的父亲根本就是虚构的，而他号称山姆之子是因为之前的房东叫山姆·卡尔。柏克威兹还声称，自己之所以会不停地杀人，是因为接到了房东爱犬的命令，那条狗的真实身份则是远古时期的恶魔。柏克威兹表示他曾经试图反抗过这条恶魔般的狗，向这条狗射击就是最好的证明，但结果却是他失败了，从此之后他不得不臣服于这个恶魔。后来柏克威兹还声称自己加入了一个邪教之中，有许多枪击案就是邪教成员所为，但经警方调查，柏克威兹所说的邪教根本不存在。

后来经过警方的盘问，柏克威兹终于交代了自己杀人的真实目的。承认被魔鬼山姆附身只不过是自己编造的故事，这样可以躲避法律的制裁，他杀人的真正动机是对女性的憎恨，因为他十分憎恨生母，而且性无能。柏克威兹还告诉警方，每次在杀完人后，他都能正常地勃起。接下来等待柏克威兹的将是三百多年的监禁。

被关进监狱后不久，柏克威兹就成了一个被媒体和出版人追捧的名人，不少人出巨资希望能从柏克威兹那里得到一些凶杀案的细节，这样能出书赚钱。后来政府不得不专门为此出台了一个"山姆之子法案"，规定禁止出版商通过出钱的方式从罪犯那里获得与犯罪相关的出版物。当然，如果出版商能保证这类出版物在出版之后的 5 年内把所获得的报酬都用于补偿被凶手伤害的被害人，那么就可以。

对于各大媒体的关注，柏克威兹十分享受，在美国有言论书信自由的规定，柏克威兹就利用这项规定，主动给媒体写信，他这么做的原因并不是想获得报酬，只是为了出名，希望自己能一直得到大众的关注。

1979 年，柏克威兹在监狱中差点儿被人杀死，在成功获救后，警方希望他能指认出谋杀他的凶手，这样才能保证他的安全，但却被柏克威兹拒绝了。在 1987 年，柏克威兹放弃了"山姆之子"的称号，并且成了一名基督徒，开始号称"希望之子"，因为他觉得自己已经摆脱了恶魔的控制。后来，柏克威兹还拒绝了假释，认为自己还需要在监狱中接受惩罚，只有这样才能洗清自己的罪恶。柏克威兹这么做的原因依旧有寻求关注的成分，因为他的作案细节已经无法赢得媒体的关注，所以他就以忏悔来重新吸引众人的眼球。

2005 年，不甘寂寞的柏克威兹提出要见自己律师的要求。柏克威兹在与律师见面后表示希望能将自己的信件和其他个人物品都交给出版商，而按照之前"山姆之子法案"的规定，如果出版商决定写一本关于他的书，那么所得利润的一部分必须得交给那些被害人。2012 年，柏克威兹开始着手写一部回忆录，所得报酬都交给了纽约犯罪被害人基金会。这些举动再一次让柏克威兹获得了媒体的关注。

柏克威兹之所以变成了一名连环杀手，与他的早年经历密不可分，在警方的眼中，柏克威兹只寻找年轻情侣下手，实际上他的目标只是年轻女子。他之所以如此憎恨年轻女子，与他的母亲密切相关。

1953 年 6 月 1 日，柏克威兹出生于美国纽约市的布鲁克林区，此时他的母亲还没有结婚，而他的父亲则是个有家室的男子。在柏克威兹母亲刚刚怀孕时，柏克威兹的生父就曾劝她去做流产手术。但柏克威兹的母亲还是坚持生下了孩子，并且给孩子取名为理查德·大卫·凡尔克。一周后理查德·大卫·凡尔克被一对夫妇领养了，从此之后便有了新的名字——大卫·柏克威兹。虽然柏克威兹的身世很可怜，但他却幸运地遇到了善良的养父母，他们十分疼爱柏克威兹，甚至有些溺爱。

后来，柏克威兹从养父母那里得知了自己是被收养的，他的生母死于难产，从此之后便开始排斥养父母，还被一种强烈的自卑心理所困扰。是个天性就比较害羞和内向的人，再加上养父母也不喜欢社交，所以柏克威兹几乎没有什么朋友，从小就生活在自己的世界内。在邻居的眼中，柏克威兹不仅精力旺盛，而且还喜欢欺负其他的孩子。在学校老师的眼中，柏克威兹虽然学习成绩平平，但却是一个不错的棒球运动员。

在柏克威兹 14 岁那年，他的养母患乳腺癌去世了。那段时间，沉浸在悲伤和自责之中，认为养母的死和自己有关，而他则是一个被上帝抛弃的可怜人。从那以后，柏克威兹变得更加自闭，甚至开始逃学。

四年后，柏克威兹的养父结婚了，柏克威兹和这位名义上的母亲相处得并不愉快。后来，柏克威兹的养父便带着妻子搬到了佛罗里达州居住。这下，柏克威兹觉得自己被彻底抛弃了，于是就去参军了。军营的生活对柏克威兹来说是痛苦的，他因为内向总是被人欺辱，有时甚至会遭受虐待。在服役期间，柏克威兹有了第一次性经验，对方是名妓女。这次性经验对柏克威兹来说并不美好，因为他染上了难以启齿的性病。这或许也是他憎恨女性的原因之一。

三年后，柏克威兹退役了，并回到纽约居住。此时了无牵挂的突然想起了自己的生母，便开始调查生母，结果发现他的生母还活着，而且就在纽约居住。柏克威兹千辛万苦地找到生母后，却发现生母不仅结婚了，而且还有一个女儿。这对母女对于柏克威兹这个意外来客并不热情，反而不愿意和柏克威兹相认，最终这点儿亲情的牵挂也被无情地斩断。

从此之后，柏克威兹变得更加内向和害羞，这让他的人际关系变得糟糕透顶，他也成了同事们奚落的对象。为了发泄自己的不满，柏克威兹便买了一把手枪，在垃圾场内练习射击，还多次纵火。此时，柏克威兹并没有想到杀人，只是单纯地想要发泄和报复。

渐渐地，柏克威兹开始不满足于这种发泄的方式，便把枪口瞄准了年轻女子或情侣。频发的枪击杀人案，让纽约市民陷入了恐慌之中，警方也开始重视起这些案件。当然，各大媒体也没有放过这个重磅新闻，一时间纽约的各大报刊都在报道这些枪击案。这些都让柏克威兹十分满足，他觉得自己终于被关注了。柏克威兹渐渐陷入了这种被关注的满足感之中无法自拔，在不归路上走得越来越远。

【犯罪心理分析】

柏克威兹的童年和许多连环杀手一样都已经初见反社会型人格的端倪。柏克威兹不仅喜欢玩火，在成年后更把这一兴趣爱好发挥了出来，成了一名纵火狂，曾在纽约市纵火超过 2000 次。柏克威兹还有虐待小动物的童年经历，例如把阿摩尼亚倒进浴缸中，然后欣赏鱼的死亡过程。或是故意把强酸泼到小鸟身上，然后欣赏小鸟的痛苦挣扎。柏克威兹的这种变态心理到了成年后就演变成了杀人并能体会到性高潮的兴奋。柏克威兹还有尿床的习惯，这说明在童年时期柏克威兹就总是处于不安和紧张之中。总之，玩火、尿床和虐待小动物是反社会型人格的童年特征。

对于柏克威兹来说，生母是一个爱恨交织的存在。在他一周大的时候，生母就抛弃了他。后来在柏克威兹成年后，他找到了生母，但生母再一次抛弃了他，不想与他相认。在柏克威兹的认知里，生母选择了妹妹而放弃了他，妹妹比他得到了更多的疼爱。再加上柏克威兹曾经在一名妓女那里感染了性病，所以他便开始仇恨女性，从而导致了他的疯狂作案。

在柏克威兹作案的时候，有一个值得注意的细节，即他曾经留下了一封信，并且自称"山姆之子"。柏克威兹这么做的目的其实就是为了向警方挑衅和炫耀，因为他渴望得到关注，希望看到自己的事迹能刊登在报纸上，这样会让他觉得满足。如果柏克威兹所犯案件不被报纸刊登和关注，那么他会继续作案，希望能得到关注。如果柏克威兹得到了想要的关注，那么也会鼓励他继续作案，以得到更大的关注。总之，最好的办法就是尽快将其缉拿归案。

FBI认为，此种类型的罪犯，他的童年一定遭到了遗弃或虐待，没有从家人那里得到应有的关爱和重视，从而造成了心理的扭曲。这种渴望成名的罪犯在连环杀手中十分常见。

当然不是所有被虐待或遗弃的儿童都会变成连环杀手。有着被遗弃或虐待童年经历的人，他会觉得自己无能为力，为了弥补心灵的缺陷，他们会尽力想办法赢得外界的关注。有的儿童在成年后会成为商人等成功人士，但有的却成了连环杀手。这些连环杀手通常都生活在社会的边缘，不被人们关注。

此外，柏克威兹还具有一个大多数连环杀手共同的人格特点，即缺乏同情心。同情心可以让我们对他人的痛苦和恐惧感同身受，但连环杀手显然不具备这种能力，他们觉得杀人和打死一只苍蝇一样。连环杀手也不会觉得杀人是件多么残忍的事。

连环杀手被捕之后，往往会成为众星捧月的采访目标，因为人们都很好奇他们的作案动机。但是答案却让大多数人无法接受，因为连环杀手觉得杀人可以让他兴奋，甚至还能体会性高潮的快感，"山姆之子"在杀人时都会出现勃起的情况。此外，他们也不会有愧疚。如果一个人因为杀人出现了愧疚心理，那么他就不会连续作案。

在柏克威兹被捕后，他成了一名基督徒，并且为自己的杀人罪行而忏悔。有不少人认为，柏克威兹的此举并不是真心实意的忏悔，只是为了引起关注。因为连环杀手不会内疚，更别提忏悔了。就好像泰德·邦迪所描绘的连环杀手的内心世界一样："你们永远不会理解一名连环杀手，他们生活在一个无助和没有希望的世界里。连环杀手想要得到解脱只有两条路可选，要么死亡，要么被捕。"

　　在柏克威兹被捕后，他想要让警方认为自己是一名精神病患者，从而逃脱法律的制裁。在柏克威兹被捕之前，他曾经自称"山姆之子"给警方写过信，那时警方也误认为他是精神病。虽然有些连环杀手患有严重的精神病，例如精神分裂症的患者会有暴力倾向，但柏克威兹显然不在此行列之中。

第十章

波士顿扼杀者——阿尔伯特·德萨尔沃

有精神病学家认为，凶手最初之所以选择年龄较大的女性，是因为这样可以满足他对女性或母亲身体的幻想。当这种渴望被满足以后，凶手就开始寻找年轻女性进行真正的性交，这说明凶手在谋杀中已经性成熟。

从 1962 年起，美国的马萨诸塞州波士顿就被笼罩在一个连环杀手的阴影下，该连环杀手只会找女性下手，而且这些女性所居住的地方都是一些狭小的居民区。

第一个被害人是一名 50 多岁的妇女，在警察赶到现场后，发现被害人死在了浴缸内，虽然被强奸，但并未在被害人体内和案发现场发现凶手的精液。凶手作案还算老道，警方也没有在案发现场发现凶手留下的指纹。

第二个被害人是位年纪 80 多岁的老妇，是被凶手勒死的。但当时警方觉得被害人是自然死亡，直到后来凶手自己交代了这起凶杀案。这名被害人比较特殊，不仅没有遭到凶手的性侵，而且也没有被凶手摆成难堪的、具有侮辱性的姿势。接下来的一些被害人，不仅遭到了凶手的性侵，而且在被发现的时候，下体都是裸露的，凶手甚至会把被害人的下体正对着门口，让人们一进屋第一眼就可以看到被害人的下体。

FBI 认为案发现场的种种迹象表明凶手很可能是一个无组织杀手，因为案发现场十分混乱，凶手在把被害人摆成那些侮辱性的姿势时，内心一定有自己的想法，而且这种想法令人难以接受。此外，FBI 还发现凶手同样具有有组织杀手的特点，因为在案发现场很少能找到凶手留下来的证据，这说明凶手具有一定的反侦查能力。

就在 FBI 努力为凶手进行犯罪心理侧写的同时，又出现了一起凶杀案，被害人是名黑人女性。这让 FBI 一时间都无法确定这起凶杀案到底是否是同一人所为，因为在 FBI 的经验中，连环杀手很少会跨种族作案。

最后一名被害人是个名叫玛丽·沙利文的年轻女性。1964 年 1 月，玛丽被凶手勒死在波士顿的公寓内。玛丽的侄子凯西·舍曼十分重视这起案件，并且花了许多年对该案件进行调查。在凶手被捕并死亡后，舍曼认为谋害玛丽的一定另有其人。舍曼甚至还和凶手的弟弟理查德一起合作，试图挖出凶手的尸体，然后运用最新的 DNA 技术去验证死者是否真凶。

就在警方还在为这起连环凶杀案头疼不已时，突然发现凶手好像放弃了继续作案，不久之后他们抓到了一个强奸犯阿尔伯特·德萨尔沃，德萨尔沃说自己就是那名连环杀手，即"波士顿扼杀者"。但是警方并不相信德萨尔沃的认罪。根据被害人的死状，警方认为凶手应该十分仇恨女性，与母亲的关系十分恶劣，并且凶手的母亲应该是个专横霸道的女性。但德萨尔沃与母亲的关系很好。

1967 年，德萨尔沃被判处终身监禁，其间曾从监狱中逃出来，随后被捕并被送往最高戒备的监狱。几年之后，当德萨尔沃准备为自己写一本传记时，却突然遭到了暗杀。自从德萨尔沃被捕后，就一直受到特殊的监禁待遇，这种监禁措施既限制着德萨尔沃的自由，也保护着德萨尔沃的人身安全。杀害德萨尔沃的凶手不仅能通过六道保安检查关卡，而且至今警方也没有找到杀害德萨尔沃的凶手。德萨尔沃被凶手多次刺中心脏，而且凶手还带走了德萨尔沃的自传草稿。

对于德萨尔沃的被害，监狱当局给出了一个说法，说德萨尔沃之所以招来杀身之祸，是因为他和监狱中的其他犯人起了争执，可能是毒品交易引起的，也可能是为争夺一大块熏腌肉引起的。这种说法无法让德萨尔沃的家人认可，他的家人认为，德萨尔沃根本不是所谓的"波士顿扼杀者"，他是在准备说出真相时，被真正的凶手给灭口了。德萨尔沃的家人认为，德萨尔沃之所以主动承认自己是"波士顿扼杀者"，是想出名或想得到一笔钱。

除了德萨尔沃的家人外，那些被害人的家人也都认为真凶依旧逍遥法外。最后一个被害人的侄子舍曼认为，德萨尔沃在供述罪行的时候十分模糊不清，而且他说自己在杀害玛丽时，曾用胶布封住了玛丽的嘴，然后才将玛丽强奸并杀害。可是尸检报告中并未提到被胶带封口和强奸的证据。舍曼认为，即使德萨尔沃承认了自己的罪行，但那些证据根本无法证明他就是"波士顿扼杀者"，他很有可能是在作假口供。

舍曼找到了一个嫌疑人，认为是这个人杀死了玛丽。因为这名嫌疑人在玛丽的住所附近进行了勘察，而且在玛丽被害前还曾经与她聊过天。但舍曼并未说出那名男子的名字，因为他手中的证据并不充分。

当舍曼提出运用最新的 DNA 检测技术来确定凶手时，却遭到了警方和检控官的拒绝。舍曼认为，这些人根本不在乎所谓的真相和审判的公正，他们只是不想承认自己抓错了凶手，也不想承认"波士顿扼杀者"依旧逍遥法外，这似乎意味着警方的无能。

"波士顿扼杀者"的出现，让波士顿这个地区的妇女都生活在恐怖之中，她们在出行时一般都会找人陪同，或者随身携带着武器，希望自己能够躲开"波士顿扼杀者"的毒手。公众的恐慌对于当地警方来说就是一种压力，他们得尽快逮捕"波士顿扼杀者"，只有这样才能避免社会恐慌。此外，当地警方还面临着政治上的压力，因为当年的司法部部长正要竞选参议员，所以必须尽快逮捕真凶。

德萨尔沃的弟弟理查德也想努力为哥哥洗清罪名，不然他就得背负着罪恶的包袱，他还曾因为是德萨尔沃的弟弟而被人用木棍袭击过，甚至被人吐口水。舍曼请求波士顿当局交出姑姑玛丽的尸体，而理查德则请求交出哥哥德萨尔沃的尸体。因为他们想通过尸体来验证，从而找到真凶。同时他们也认为尸体属于亲属的私人财产，波士顿当局无权保管。波士顿当局最后拒绝了这项申请。

除了德萨尔沃外，有个名叫纳萨尔的冷血杀手也十分可疑。纳萨尔在杀死一名加油站的加油工人后被判处终身监禁。纳萨尔的律师拜利曾听纳萨尔说，"波士顿扼杀者"就是德萨尔沃。

当时在警方的眼中，德萨尔沃这个经常骚扰女性的男子根本不可能是波士顿扼杀者。德萨尔沃总是冒充模特经纪公司的星探，然后拿着卷尺为女性量身材，实际上德萨尔沃只是在占女性的便宜。当那些女性意识到自己上当后就会报警。德萨尔沃还会攻击女性，他经常穿着绿色的外套，装扮成一个杂工，当女性相信他并打开房门后，德萨尔沃就会趁机攻击对方。

德萨尔沃在被捕之后，就被送到了一家州立医院的精神病科的病房内接受治疗。纳萨尔知道后，说服自己的律师带着他去看望德萨尔沃，随后德萨尔沃便承认自己是波士顿扼杀者。在德萨尔沃所交代的谋杀细节中，有人认为德萨尔沃是从报纸上看到的，或者是从纳萨尔那里得知的。有人认为，德萨尔沃之所以承认自己是波士顿扼杀者，是因为纳萨尔告诉他，这样会让他名利双收，不仅能得到媒体的关注，还能获得不少金钱报酬。

纳萨尔这个高智商的神经病杀手比德萨尔沃看起来更像是波士顿扼杀者，他同时还是个十分憎恨父母的人。但是，纳萨尔一直否认自己是"波士顿扼杀者"。

在纳萨尔的面前，德萨尔沃好像是个没有主见的人。当理查德来看望哥哥时，纳萨尔一定会在场，没有他的允许，德萨尔沃也不会说话。德萨尔沃的死与纳萨尔也分不开，不少人都怀疑他就是杀害德萨尔沃的凶手，但纳萨尔一直极力否认。

在德萨尔沃被谋杀之前，他似乎想要说出到底谁是真正的波士顿扼杀者，为了防止自己惨遭毒手，德萨尔沃还要求监狱当局保护他。在理查德的一次探望中，德萨尔沃对理查德说："你想不想知道到底谁才是真正的波士顿扼杀者，那个人就在这间屋子里。"当时在场的纳萨尔听到这句话后，脸色立刻变得铁青。

尽管波士顿扼杀者这起案件疑点重重，但当局依旧以德萨尔沃自己的供述为准。后来德萨尔沃的杀人事迹被拍成了一部电影，电影的名字就叫作《波士顿扼杀者》，这样一来德萨尔沃的名气更大了。许多犯罪心理专家为了研究德萨尔沃还专门调查了他的早年经历。

德萨尔沃的母亲在 15 岁时就结婚了，嫁给了德萨尔沃那脾气暴躁且酗酒成性的父亲。在德萨尔沃的童年记忆中，父亲就是个恶魔般的存在，不仅会对母亲拳打脚踢，他和兄弟姐妹也会成为父亲的殴打对象。他和两个姐妹甚至还被父亲卖到了一个农场，后来德萨尔沃的母亲找回了他们。在德萨尔沃 12 岁的时候，父亲被关进了监狱，母亲也和父亲离了婚。

在德萨尔沃的回忆中，他在很小的时候就曾目睹过父亲和妓女性交。在童年的时候，德萨尔沃就开始和姐妹模仿性交的动作。对于被卖掉的那段经历，德萨尔沃始终都没有说出那段时间他和两个姐妹到底遭遇了什么。

在上学时，德萨尔沃就渴望能得到老师的认可和关注，但他的学习成绩很差，为此他经常会主动给老师跑跑腿，以期望能得到老师的喜爱。

德萨尔沃进入青春期后，养成了偷窥的毛病，还被送到了少年管教所内。对于德萨尔沃来说，少年管教所不仅没有引导他走上正途，反而教会了他许多犯罪技巧，此外德萨尔沃还学到了很多性变态方法。从少年管教所出来后，德萨尔沃便开始入室盗窃。德萨尔沃入室盗窃主要有两个目的：第一个目的便是盗财物；第二个目的便是享受那种刺激和兴奋的感觉，因为当他听到那些女性的呼吸声后就会觉得很刺激，而且会幻想等自己变得更加强壮之后，便对那些女性为所欲为。

在德萨尔沃 17 岁时选择了参军，并被派到德国。德萨尔沃在军队的表现不错，不仅获得了军衔，而且还多次担任上校的勤务兵。此外，德萨尔沃还发现了自己的拳击天赋，曾经参加过拳击比赛，还获得了冠军。

在服兵役期间，德萨尔沃也没闲着，他到处勾引军官的老婆，还和她们玩些性虐待的游戏。据德萨尔沃交代，都是那些女人追求他的，他只是顺水推舟而已。

在德萨尔沃 22 岁时认识了一个姑娘，并且很快结婚。但德萨尔沃对这位妻子并不满意，因为妻子是个比较传统的女人，根本无法满足德萨尔沃在性欲上的要求。在退役后，德萨尔沃就带着妻子回到了美国。

没有安分多久，德萨尔沃就开始到处骚扰女性。一天晚上，德萨尔沃发现一个女人独自在家，就找了一个借口进入那个女人家中。后来这个女人报警了，但因为德萨尔沃什么也没做，所以警察只好放过了他。但很快，德萨尔沃就因为猥亵儿童罪被罚款。德萨尔沃之所以没有被逮捕，是因为被害人的母亲不想让年幼的女儿出庭作证，指认德萨尔沃。

没过多久，德萨尔沃的妻子就为他生下了一个女儿，尽管女儿的腿部有残疾，但德萨尔沃依旧是个负责任的父亲，每天都会给女儿按摩腿部。在儿子出生后，德萨尔沃决定痛改前非，做一个好父亲。但德萨尔沃发现这件事做起来十分困难，因为他总是忍不住去做一些违法犯罪的事情。后来德萨尔沃因为猥亵妇女而被关进监狱。

当德萨尔沃获得自由后，他开始成了波士顿扼杀者。在第一次杀人时，德萨尔沃表现得十分镇定。当时被害人的鲜血都溅到了他的衣服上，为了避免引起他人的怀疑，德萨尔沃脱掉了衣服，然后在街上拦住了一个人。德萨尔沃对那个人说："我刚才和一个女人偷情，不小心被她的丈夫发现了，所以我只好光着身子跑出来，你能和我一起去商店买身衣服吗？"那个人同意了，并跟着他一起去商店买衣服。德萨尔沃之所以这么做，是希望这个人能成为自己的目击证人，到时候如果被警察盘问，这个人可以为自己作证，他只是去偷情，并没有杀人。

在买好衣服后，德萨尔沃就开着车到海边，把沾满被害人鲜血的衣服扔到了大海中。德萨尔沃静静地在海边坐了一会儿，然后就回家和妻子、孩子一起吃晚饭。德萨尔沃在被捕后告诉警方，在杀人时他觉得自己好像变得不是自己了，就像一个不真实的陌生人，然后在那里做着杀人的事情。事后，德萨尔沃又会恢复平常的状态，会忘掉杀人的事情，就好像自己从未杀过人一样。

【犯罪心理分析】

波士顿扼杀者先后一共杀害了 13 名女性，这些先后被害的女性都有一个很显著的特点，即年龄越来越年轻。在前几名被害人中，她们的年龄一般比较大，而且警方发现她们虽然遭受了性侵，但凶手却并未遗留下精液。而在后几名年轻的被害人中，案发现场都发现了精液。这说明在作案过程中，性是凶手的主要目的。有精神病学家认为，凶手最初之所以选择年龄较大的女性，是因为这样可以满足他对女性或母亲身体的幻想。当这种渴望被满足以后，凶手就开始寻找年轻女性进行真正的性交，这说明凶手在谋杀中已经性成熟。

在最后一名被害人玛丽的嘴中，警方发现了精液。精神病学家认为，此时凶手已经完成了性成熟，所以才会污蔑性地把精液留在玛丽的口中。这也可以解释凶手为什么不再犯案，玛丽也就成了最后一名被害人。

根据案发现场的线索，犯罪心理专家认为凶手一定是极其仇恨女性的，和母亲的关系应该不怎么样，或者凶手的母亲本身就是个非常霸道的人。例如有着"绿河杀手"之称的加里·里奇韦之所以杀那么多的女性，就是因为他憎恨女性，对凶狠的母亲也是又爱又恨。当然此类连环杀手也不一定会有个凶狠的母亲，他可能是阳痿患者，曾经因为不能勃起而遭到了某位女子的嘲笑，例如理查德·劳伦斯·马奎特就是因为一名女子嘲笑他性无能，他就把那个女子给切碎了。

在德萨尔沃被捕之后，犯罪心理专家和精神病学家对"波士顿扼杀者"的犯罪心理的分析全部被推翻了。首先是德萨尔沃的母亲，德萨尔沃的母亲应该和霸道、凶狠不着边，不然她不会忍受德萨尔沃父亲的家暴。而且德萨尔沃的母亲还是个比较负责的母亲，因为在德萨尔沃和两个姐妹被父亲卖给一个农场主之后，他们的母亲又把他们找回来了。德萨尔沃更是与性无能不着边，因为他很早就有了性经验，在杀人时已经是两个孩子的父亲。

有专家认为，与其从心理学家的角度对德萨尔沃进行心理分析，不如从社会经济学的角度来分析更为妥当些。在美国社会中，德萨尔沃的社会地位比较低，他希望能通过杀人的方式来报复妻子。因为他的妻子来自一个中产阶级家庭，在和德萨尔沃结婚后不久就开始看不起德萨尔沃。当然，如果德萨尔沃的收入有所增加，就会得到妻子的认可。

除此之外，还有另外一个观点，即认为德萨尔沃根本就不是真正的波士顿扼杀者。

第十一章

女魔头——艾琳·沃尔诺斯

人只有在愤怒和报复动机的驱使下才会变得十分具有攻击性，而毒品则会让一个人对愤怒和报复欲望的控制力大大减弱。据 FBI 的调查，不少连环杀手在杀人前都会吸毒，有些连环杀手甚至会在作案前大量地吸食毒品。

艾琳·沃尔诺斯在一个支离破碎的家庭中出生，她的母亲黛安在 15 岁时就嫁给了沃尔诺斯的父亲，并生下了沃尔诺斯和她的哥哥凯斯。很快，黛安就抛弃了沃尔诺斯兄妹二人。不久之后，沃尔诺斯兄妹俩那禽兽不如的酒鬼父亲就因为骚扰儿童罪被逮捕，在监狱中还试图自杀，此时沃尔诺斯才两个月大。

艾琳·沃尔诺斯和哥哥被外祖父母收养后便过上了正常的生活，但是外祖父对他们的要求十分严格。在艾琳·沃尔诺斯 12 岁时得知了自己身世的秘密，便开始自暴自弃，堕落起来。

两年后，艾琳·沃尔诺斯意外怀孕了，并且很快被送进了感化院，不久之后便生下了一个小男孩。自己还是孩子的艾琳·沃尔诺斯自然没有能力抚养孩子，于是这个小男孩便被人收养了。

艾琳·沃尔诺斯诺斯在得知外祖母去世的消息后，见到了自己的母亲黛安，黛安希望艾琳·沃尔诺斯和凯斯能回到得克萨斯州，与她居住在一起。但叛逆的艾琳·沃尔诺斯直接拒绝了母亲，开始逃学和离家出走。没有一技之长的艾琳·沃尔诺斯为了能有钱花，便开始在公路上以搭车的名义出卖肉体。

几年后，艾琳·沃尔诺斯得到了哥哥凯斯去世的消息，凯斯死于喉癌。与此同时，艾琳·沃尔诺斯还得到了 10000 美元的保险金，这是凯斯留给她的。沃尔诺斯并没有珍惜这笔钱，很快便挥霍一空，只好继续从事卖淫。

在佛罗里达州，艾琳·沃尔诺斯遇到了一个比她年长许多的男人，她很快与这个男人结婚了。艾琳·沃尔诺斯的丈夫路易斯·弗尔有着不错的收入，他所持有的铁路股票可以为他带来高额的收益。但弗尔很快就后悔和沃尔诺斯结婚，因为沃尔诺斯是个挥金如土的女人，如果哪天弗尔不带足够的钱回家给沃尔诺斯，那就会遭到沃尔诺斯的暴力对待。很快，弗尔就成功逃脱了沃尔诺斯的魔掌，沃尔诺斯和一名酒吧男侍应生起了冲突，她拿球杆打伤了那名男侍应生，并被关进了监狱。

获得自由后，沃尔诺斯继续操起了卖淫的营生。但沃尔诺斯发现卖淫的营生并不好做，她赚的钱经常不够花，于是她就开始小偷小摸，有时候还会打劫。所以沃尔诺斯成了监狱的常客，经常和警察打照面。

1986 年，沃尔诺斯在一间同性恋的酒吧里遇到了 24 岁的泰莉亚·莫尔，两人很快便谈起了恋爱，并搬到一起住。后来莫尔辞去了汽车旅馆侍女的工作，靠沃尔诺斯卖淫生活，对此沃尔诺斯也心甘情愿。可是沃尔诺斯卖淫所得的收入并不高，她们的生活总是会陷入缺钱的窘境之中，为了摆脱贫困，沃尔诺斯决定寻找新的赚钱方式。

佛罗里达州的州际高速公路成了沃尔诺斯的发财地点。沃尔诺斯为了让过往车辆停下来，通常会假扮成一个受伤的女人，或者直接以路边拉客妓女的身份出现。只要沃尔诺斯成功登上被害人的车辆，那么被害人就会被枪杀，然后所有的财物都会被沃尔诺斯洗劫一空。

在沃尔诺斯被捕后，她交代道，自己杀人只是正当防卫罢了，那些男人都想强奸她。但警方的调查显示，那些被沃尔诺斯所杀害的人，大都没有犯罪记录，只有第一个被害人曾经因为强奸罪而坐了 10 年牢。其中一名被害人迪克·汉弗莱已经 56 岁了，是佛罗里达州卫生和康复中心虐待和伤害儿童方面的调查员。在汉弗莱遇害的前一天，他刚刚和妻子一起庆祝了他们结婚 35 周年的纪念日。警察在接到汉弗莱失踪的报案后不久，就找到了他浑身都是枪眼的尸体，而汉弗莱的车则在月底才被发现。

当地警方根据几起凶杀案的特点得出了一个大胆的猜想："凶手很有可能是两个女人。"随着调查的深入，警方掌握了更多有价值的线索，这些线索都表明凶手就是两个女人。有一名男子在接受调查的时候告诉警方，曾经有两个可疑的女人在他那里租了一辆活动房车。男子还告诉警察，那两个女子叫莫尔和李。另一个妇女告诉警察，曾经有两个外地女人在她的汽车旅馆内工作，两名女子叫莫尔和苏珊。不久后，警方又接到了一个匿名电话，这个人告诉警察有两个叫莫尔和格林的女人买过一辆娱乐车，这两个人是同性恋，而且那个格林就是一个专门搭车的妓女，她在这段同性恋关系中显然处于支配地位。

警察在对当地各个当铺进行调查的时候发现，一个叫格林的女人在一家当铺当掉了一名被害人的相机和一台雷达探测器，上面还有这个女人的指纹。在另一家当铺，警方也发现了被害人的遗物。

警方通过对指纹的比对发现，被当物品上的指纹和一名被害人身上遗留下的血手印的指纹一样，这是个名叫劳拉的女人的指纹。这些调查结果最后都被送到了国家犯罪中心。很快结论出现了，这些指纹都是一个名叫艾琳·沃尔诺斯的女人的，而劳拉、苏珊和格林等名字都是沃尔诺斯为掩人耳目所选择使用的假名字。

沃尔诺斯被捕之后，她的个人经历立刻曝光了，成了媒体大肆宣传的对象，毕竟女性连环杀手十分少见。人们在憎恨沃尔诺斯的同时，也对沃尔诺斯的悲惨经历感到惋惜，甚至还有一对夫妻合法收养她为养女。

在沃尔诺斯接受审判的时候，引发了一场女性抗议运动，这些抗议者认为沃尔诺斯不应该被判处死刑，因为她是在用杀人来控诉和反抗男性世界的残忍。沃尔诺斯的律师也充分利用了这点，希望法庭能驳回沃尔诺斯自己申请死刑的诉求。

在沃尔诺斯被捕之初，她告诉警方，她本不想杀人，但是那些让她搭车的男人总是想强奸她或殴打她，出于正当防卫，她才开枪打死了他们，然后抢走了他们的财物。但在沃尔诺斯决定接受死刑时，她就主动否认了这些说法，说自己在撒谎，她就是十恶不赦的杀人犯，杀人和抢劫是她的营生。

一心求死的沃尔诺斯在死刑牢房里等了 10 年之久，都没有等来死刑，按捺不住的沃尔诺斯就写了一封求死的信件，寄到了佛罗里达州法院。在这封信中，沃尔诺斯请求法院撤掉给她指派的律师，并且希望能尽快执行死刑，因为生命对她来说已经没有了意义，她想要在真相大白之后，能心无愧疚地去见上帝。最终，沃尔诺斯的申请得到了批准。

【犯罪心理分析】

在沃尔诺斯的个人经历中，她悲惨的童年和青春期都和许多男性连环杀手十分相似。在沃尔诺斯的案件中，有一个十分显著的特点，即她的谋杀可能会包含暴力，但却不会有性的元素存在。也就是说，沃尔诺斯在杀人的时候不会体会到性高潮，她的杀人动机也跟性无关。虽然沃尔诺斯来自社会底层，但她却是女性连环杀手中的佼佼者，她不仅杀死了多名男性，而且采用的手段也是攻击性比较强的枪击。通常情况下，女性在杀人的时候，不会采用暴力或攻击的手段，她们会选择下毒。这或许与女性在体力上不如男性有关。

那些被沃尔诺斯杀害的男性，虽然身中数枪而亡，但却并未受到折磨，警方也没有在被害人的尸体上发现折磨和分尸的痕迹。尽管那些被害男性的财物都被沃尔诺斯抢劫一空，但沃尔诺斯的杀人动机显然不仅仅是为财。如果沃尔诺斯只是为了抢钱的话，那么她为什么不选择女性或孩子下手，这样的对象更容易得手？在沃尔诺斯的杀人经历中，有两个不可忽视的元素，即愤怒和报复。

沃尔诺斯对于男性似乎一直心存恨意。她从小就被父亲抛弃，据说她的外祖父还经常打骂她。后来，在沃尔诺斯14岁时遭到了强奸，并且怀孕，不得不把孩子生下来。在沃尔诺斯之后的生涯中，她遭受了多次强奸。沃尔诺斯还有过一段短暂的婚姻生活，她与丈夫之间的相处也基于金钱。这段婚姻生活还不如沃尔诺斯和莫尔的同性恋。在这段同性恋中，沃尔诺斯占据着主导地位，似乎还肩负着挣钱养家的责任，可见对于这段同性恋经历，沃尔诺斯还是比较看重的。

值得一提的是，在沃尔诺斯15岁时就开始被可卡因和毒品所控制，她大部分的开销也都在毒品上。毒品在杀人行为上起到了一种很强的辅助作用，这或许就是沃尔诺斯变得那么具有攻击性的原因之一，毕竟人只有在愤怒和报复动机的驱使下才会变得十分具有攻击性，而毒品则会让一个人对愤怒和报复欲望的控制力大大减弱。据FBI的调查，不少连环杀手在杀人前都会吸毒，有些连环杀手甚至会在作案前大量地吸食毒品。

第十二章

杀手的偶像——杰克·塔兰斯

　　犯罪心理专家还表示凶手和女性的关系应该不怎么样，或者说根本没有体验过性快感，也可能没有性交过。因为凶手在杀人时往往能体验到性快感，把被害人看成没有生命的东西，让其完全被自己控制。有的专家则觉得凶手在幼年时曾虐待过小动物，而且总是沉浸在强烈的幻想中，把爱和暴力混淆了。凶手的母亲可能十分凶恶，而父亲则是个软弱的人。

1968 年 12 月 20 日，这天是星期五，年仅 17 岁的大卫·亚瑟·法戴尔驾车去找女朋友约会，那是个漂亮可爱的 16 岁少女，名叫贝蒂·诺·詹森。大卫和贝蒂都居住在加利福尼亚州瓦列霍郡，大卫在瓦列霍中学就读，而贝蒂则是霍根中学的学生。在出发之前，贝蒂告诉父母，她要和大卫一起去参加霍根中学举办的圣诞颂歌音乐会和一个舞会，并且向父母保证，她在 11 点之前一定会回家。但让人想不到的是，这是贝蒂最后一次和父母告别，她再也没回来。

贝蒂撒了谎，她和大卫没有去参加音乐会和舞会，而是去了另一个朋友家。在九点半左右，大卫和贝蒂离开了那位朋友家后，就去了一家汽车餐馆。在 10 点左右，大卫开着车带着贝蒂离开了餐馆，他们来到了一处适合约会的地方，这里经常被一些青年男女光顾。

当大卫把车开到避车弯后，他们并未马上下车，而是在车里待了将近一个小时。在 11 点左右，一个陌生人突然接近了大卫和贝蒂，他拿着一把手枪，并对准了右侧后车窗的中心位置，子弹震碎了玻璃，把大卫和贝蒂从甜蜜中惊醒。随后，凶手又朝着左侧后面的车轮开了一枪。凶手这么做的目的就是想把贝蒂和大卫从车里逼出来。

听到枪响的大卫和贝蒂因为恐惧和慌乱，便想从车里逃出来。当时坐在副驾驶座上的贝蒂首先从车里逃出来。当大卫移到副驾驶座上，准备从车窗钻出来的时候，凶手却突然从左侧车窗探身进到车内，并用手枪抵住了大卫的左耳后偏上的部位，就在大卫还没有反应过来时，凶手扣动了扳机，子弹打穿了大卫的头骨。看到大卫中枪后，受到刺激的贝蒂一边跑着一边尖叫着，但她的速度绝对快不过子弹。最终贝蒂的背部右上方连中数弹，当场死亡。

路过的巡逻警车在接到报案后，立刻赶到了案发现场。警察发现虽然大卫的头部中枪了，但还有生命的迹象，就赶紧把他送到附近医院进行抢救，结果大卫刚被送到医院就死了。因为大卫和贝蒂的被害地点是赫曼湖路，这起谋杀案便被称为赫曼湖路谋杀案。因为赫曼湖路有情人小径的别称，所以这起谋杀案也被称为情人小径谋杀案。

1969 年 7 月 4 日，这天也是星期五，一家餐馆的女服务员达琳·伊丽莎白·菲林准备和丈夫迪恩·菲林在家举行一场小型的派对，主要邀请一些朋友在家中聚会、聊天。在准备的过程中，达琳却突发奇想，想买些烟花来为派对助兴，于是她就独自一人开着车去了。

达琳先来到了迈克·瑞诺特·马修的家中，邀请他一同去购买烟花。迈克是个 19 岁的年轻人，和达琳刚认识不久，很喜欢年轻漂亮的达琳，所以面对达琳的邀请，想都没想就答应了，算是讨达琳的欢心。

车刚开动后不久，达琳和迈克就发现了一辆尾随他们的汽车，这辆浅色的汽车起初一直蛰伏在街边的树下。达琳感觉自己被跟踪了，于是就想甩掉这辆车，开始加速和不停地拐弯。最终，达琳在无意间把车开向了赫曼湖路的方向，并最终停在了一个叫蓝岩泉的高尔夫球场。这里和情人小径谋杀案的案发地点距离只有 3 公里多。

当达琳的车熄火后，尾随的车辆也停在了这里，和达琳的车距离很近。但那辆车却以极快的速度开走了，随后又回来了，停在了达琳的左侧。就在达琳和迈克疑惑的时候，一道明亮刺眼的光却突然从那辆车里射出来，照在了达琳和迈克的身上，就好像警察用的聚光灯一样。随后，那名男子就下车了，他的手中拿着一个大号手电筒，不停地轮流在达琳和迈克的脸上照来照去。迈克以为这是个警察，就对达琳说："把证件准备好吧，这人是个警察。"

就在达琳和迈克埋头找证件时，陌生男子突然出现在了车窗前，当时车窗正好是摇下来的。趁着迈克和达琳毫无防备的情况下，陌生男子突然朝着他们开枪，达琳和迈克都身中数枪。其中达琳的双臂、肺部和左心室都被击中了。而迈克的面部、左腿、右臂和颈部被击中，击中他面部的子弹，先是射进了他的左脸颊，然后又从左脸穿出，在他的下颚骨和舌头上都留下了弹孔。

案发后不久，警察接到了一个神秘的报警电话，电话是从付费电话亭内打来的，那个人告诉警察自己就是凶手，而且还把案发地点、案发时间和使用的枪支告诉了警方。这个凶手还对警方说，情人小径谋杀案也是他干的。

15 分钟后，警察赶到了现场，随后达琳和迈克都被送进医院抢救。结果迈克活了下来，达琳则因抢救无效而死亡。作为一个幸存者，迈克在接受警方调查的时候，回忆了凶手的相貌："凶手的年龄大约在 26 岁到 30

岁之间，他的脸看上去很宽，头发是浅棕色的，而且发型还是海军船员式的，剪得很短。他看起来很壮实，基本没有肥肉。"

在案发的当晚，达琳的家中接到了一个神秘的电话，当时接电话的是达琳丈夫迪恩的朋友，打电话的人只喘息了几声后就把电话挂了。不久之后，迪恩的父母和哥哥也接到了相似的神秘电话。这个电话很有可能便是凶手打来的。

根据案发地点，警方把这起谋杀案称为蓝岩泉谋杀案。在蓝岩泉谋杀案发生后的两个多月，又出现了一起谋杀案，案发时间是 1969 年 9 月 27 日，这天是星期六。

西西莉亚·安·雪柏是纳巴郡安格温市太平洋联合大学的学生，因为准备在 10 月转到加利福尼亚州河滨市的加利福尼亚大学学习音乐，所以准备开始收拾行李。西西莉亚的男朋友布莱恩·凯尔文·哈特奈尔则帮她一起收拾行李。在收拾完行李后，两人便在校园里闲逛了一会儿。吃过午饭后，西西莉亚和布莱恩便商量着驾车去旧金山游玩。后来，由于时间较晚了，布莱恩便和西西莉亚商量着去贝利桑湖游玩。下午 4 点，两人来到了贝利桑湖的马路旁，并选了一个适合野餐的地方。

就在西西莉亚和布莱恩躺在草地上享受惬意时光的时候，西西莉亚好像瞥见了一个壮汉的身影。当西西莉亚准备看清楚时，却发现那个身影消失了。但西西莉亚的直觉告诉她，他们被那个壮汉跟踪了，而且那个壮汉肯定不怀好意地躲在附近。就在西西莉亚告诉布莱恩有人跟踪他们时，那个壮汉却突然现身了。

但是壮汉并未马上袭击这对情侣，而是平静地和他们进行交谈："我刚从蒙大拿监狱里逃出来，那里的生活真令人难以忍受。警察总是不停地找我审讯，想让我承认我是一些谋杀案的凶手。最后我实在忍无可忍，便杀了一个狱警，然后偷了一辆车，逃到了这里。美国我已经不能待了，我想去墨西哥避难，但我需要一辆车和一些钱。你们如果能乖乖交出车钥匙和钱，我就放过你们，不然我会杀了你们。"

陌生男子的这番话让西西莉亚和布莱恩放松了警惕，认为这只是普通的抢劫，只要他们尽力配合，那么就不会受到伤害。面对陌生男子的谈话，西西莉亚和布莱恩小心翼翼地回答着，尽量避免激怒男子，不然对方手里的枪就会朝着他们开火。

后来，陌生男子便命令布莱恩趴下。布莱恩照做后，男子就解下了腰带上的晾衣绳，然后扔给西西莉亚，命令西西莉亚把布莱恩绑住。西西莉亚为了不激怒男子就照做了，但她在绑布莱恩手脚的时候只是打了几个容易挣脱的结。随后，男子又把西西莉亚绑了起来，当他触碰到西西莉亚的身体时，双手开始抑制不住地颤抖，显得很激动，但他依旧把西西莉亚绑牢了。男子很快发现绑住布莱恩的绳子松了，于是他就紧了紧。

此时，西西莉亚和布莱恩已经变成了砧板上的肉，只能任人宰割。陌生男子突然以诡异的口吻对他们说："现在，我想用刀捅你们。"说着，男子就拿出了一把尖刀，向西西莉亚和布莱恩捅去，布莱恩被捅了6刀，西西莉亚被捅了24刀。之后，男子就把钱和车钥匙扔到了他们的面前，扬长而去。

看到男子离开后，意识清醒的布莱恩和西西莉亚便开始自救。布莱恩先用牙齿咬开了西西莉亚双手上的绳子，然后西西莉亚便帮布莱恩解开了绳子。摆脱了绳子的束缚，两人便开始想办法寻求帮助。布莱恩在马路边遇到了公路巡逻员，但问题是当地并没有医院，直到两个小时后，布莱恩和西西莉亚才被送到了医院。最终，布莱恩被救活了，西西莉亚则因为伤势过重身亡。

在布莱恩的回忆中，凶手并未直接和他们照面。凶手的头上戴着一个黑色的头罩，头罩的顶部呈正方形，看起来就好像是套在头上的一个纸袋。这个头罩很大，不仅遮住了凶手的双肩，而且已经垂到了腰上。头罩上的缝隙只露出了凶手的眼睛和嘴巴。凶手的前胸和后背还各罩着一块布，胸前的布上还有一个白色的标记，看起来十分醒目。凶手穿着一件黑蓝色的风衣，里面是一件红黑色的羊毛衫，下身则是一条款式很旧的宽松的裤子，脚上穿着一双军用短靴。

布莱恩还告诉警方，凶手手中的那把刀是挂在身体的左侧，刀鞘和刀柄是硬木制成的，上面还镶嵌着两枚铜铆钉，刀柄外面则裹着白纱布。凶手用来威胁他们的手枪则是一把蓝色钢制半自动手枪。凶手的双手还戴着黑色的手套。

就在案发的当晚，当地警方还接到了一个神秘的电话，对方告诉警察他就是凶手，而且还详细汇报了那天的凶杀案细节。在案发现场，警方发现被害人的汽车被人用黑色的笔画上了一些特殊的符号，这显然就是凶手留下的。因为这起谋杀案发生在贝利桑湖附近，所以便被警方称为贝利桑湖谋杀案。

就在贝利桑湖谋杀案发生十几天之后的星期六夜晚，凶手又开始作案了。当时出租车司机保罗·李·史坦恩像往常一样开着出租车在旧金山市区内的大街上行驶着，在路过一家餐馆时，一个身材壮实的男子突然拦下了他的出租车。

当陌生男子上车后说出了一个地址，保罗便驾驶着车向目的地行驶。就在出租车快行驶到目的地的时候，男子突然告诉保罗，他要到另一个地方去。当保罗把车开到华盛顿大街与彻利街的交叉口时，男子突然朝着保罗的脑袋开了一枪，保罗当场就身亡了。

在确认保罗死后，男子便开始清理现场。他从保罗的衬衫上撕下了一块布，然后用这块布仔细擦拭了驾驶座的车门、门把手、车外的后视镜、左侧的乘客座车门以及仪表板的周围。最后凶手在这块布上给警察写了一封信，信中凶手表示他对警方散布关于他的谣言很生气，作为报复，从此之后，他杀人再也不会留下痕迹，会把案发现场布置成一般谋杀案的样子。凶手还告诉警方，他们永远也不可能逮捕他，因为他聪明绝顶，而警察和他比起来只是一群无用的傻瓜。

在凶手自认为完美地处理完这一切后，便离开了。但让他没想到的是，街对面的一栋楼房里有三个孩子目睹了他的整个杀人灭迹的过程。三个孩子立刻拨打了报警电话。但是警方却认为凶手是一名黑人男子。

所以当警务巡逻车开到现场后，警察虽然发现了一名可疑的男子，但因为对方是白人，所以便只是照例问了问对方是否发现什么可疑的迹象。凶手告诉警方，他看见一个人拿着枪朝着华盛顿街的东边跑去了。就这样，警察便和真正的凶手擦肩而过了。

凶手在杀人后都会给旧金山及周边地区一些重要的报社写信，例如《旧金山纪事报》《旧金山观察报》和《瓦列霍先驱报》等都收到过神秘的信件。在信中，凶手以"佐迪亚克"（英文单词 zodiac 的音译，该词的意思是黄道十二宫）自称，所以警方便把这一系列的谋杀案通通称为"黄道十二宫连环杀人案件"。在这些信件中，凶手会主动承认自己杀了人，为了让人相信他就是凶手，他会在信中提到一些案发现场的细节。最让人觉得奇怪的是，在信件中凶手还附上了神秘的密码，并且威胁报社，如果他们不刊登这些密码，那么他就会大开杀戒，反正单身的夜行者到处都是。

随后，报社就把信件和密码交给了警方。警察找来了一位密码的业余研究者唐纳德，让他试着破译密码。最终破译的内容被刊登了出来："杀人对我来说十分有趣，比在森林里猎杀野生动物还有趣。在我看来，人类是最危险的动物，因为杀戮可以给我带来意想不到的快感，比和女人性交更让我兴奋。在我死后，那些被我杀死的人就会变成我的奴隶。你们永远也不可能抓到我，不能阻止我积累死后的奴隶。"

对于信件的真伪，警方一直持有怀疑的态度，虽然写信者在信中提到了一些尚未被公布的案件细节，但他所提到的细节是每个看到过现场的过路者都可以提供的。于是警方公开表示，如果写信者能揭露一些只有警方和凶手才知道的案件细节，那么警方就相信他是凶手。

应警方的要求，在不久之后凶手就来信了。在信中，凶手不仅提到了大量的案件细节，还告诉警方有一次他作案完毕后和警察通电话时，一个衣衫褴褛的黑鬼突然注意到了他。最关键的是，凶手还告诉警方，他是如何在漆黑的夜晚行凶的。他会用胶布把一支很小的钢笔手电筒绑在枪管上。这样子弹就会精确地击中目标，因为在一束光射向目标时，光圈中心会有一个小黑点，这样只要瞄准小黑点就可以击中目标。

黄道十二宫杀手似乎很喜欢给警察写信，在信中，凶手不仅会提供案件细节，还会威胁警方。有一次，凶手告诉警方，他已经看上了校车这样的目标物。凶手说，只要他把校车的前轮打瘪了，学生们就会从校车里一个挨一个地出来，这时候他就可以一一打死这些小东西。

黄道十二宫杀手的这些威胁让当地民众立刻变得恐慌起来，警方还专门派人保护校车的安全。当地警方成立了一个专案组。为了能尽快逮捕凶手，政府还公开发表声明，如果黄道十二宫杀手能主动前来自首，那么他的合法权益一定不会受到损害。

对于警方保护校车的举动，黄道十二宫杀手十分不屑。在他写的信中说道，如果警察真的认为他会使用枪支袭击校车，那么警察真是愚不可及。凶手表示他如果真的想袭击校车，一定会用一包硝酸铵肥料、一加仑燃料油和几袋碎石子，把这些东西都倒在地上，然后点燃，那么任何过往车辆都会被炸得粉碎。凶手还扬言到时候他会把这些场景拍成照片，然后再寄给警察。如果警察愚蠢到去查这些东西的制造商，那么就太天真了，因为这些东西都可以在露天集市上买到。

在圣诞节快要来临时，警察又接到了黄道十二宫杀手的信。这次凶手没有叫嚣，而是向警察寻求帮助，因为他实在控制不了杀人的欲望。对于凶手的求救，警察公开表示他们愿意为凶手提供帮助，如果凶手愿意的话，他们会只派一名警察前往，如果凶手需要精神病医生或牧师，那么警察也会不遗余力地提供。但警方并没有等来凶手的回音，之后的三个月凶手销声匿迹了。

次年的 4 月，凶手开始继续给警察写信。到了这年的 10 月，凶手的信件中开始向某个具体的人发出威胁。《旧金山纪事报》的记者保罗·艾弗利在万圣节那天收到了凶手的一张贺卡，贺卡中凶手表示保罗将是他的下一个目标。

对于这种威胁，保罗显得很镇定，甚至可以说不在乎。因为保罗不仅做过越南战争的战地记者，而且还是一个被允许持枪的私家侦探。但警察却对这种威胁很重视，不仅批准保罗可以随身携带手枪，而且必须得在警方的视线范围内工作。为了避免凶手误杀，《旧金山纪事报》的其他记者都在衣领上佩戴着一个徽章，上面写着："我不是保罗·艾弗利。"不久之后，保罗又接到了一封神秘的信件，写信者告诉保罗有一个悬案，很可能就是黄道十二宫连环杀手所为。

这起谋杀案发生在 1966 年 10 月 30 日，这天是星期日。在这天下午四五点时，一个名叫贝茨的女孩儿准备去学校的图书馆，在走之前还给父亲约瑟夫留了一张纸条，父亲看到纸条后就先睡下了，以为女儿会晚点儿回来。谁知，等他醒来后发现女儿根本没有回家。约瑟夫赶紧给女儿的朋友打电话，但都没有找到贝茨。

半个多小时后，一名园林管理者在图书馆的附近发现了贝茨的尸体。贝茨的脸部朝下，胸部有三处刀伤、背部有一处刀伤、颈部有七处刀伤，颈部的刀伤尤其严重，凶手好像想割下贝茨的头颅。

　　不久之后，警方就接到了一封匿名信，这封信可能是凶手寄来的。凶手表示，贝茨不是第一个被害人，也不可能是最后一个。凶手还扬言，让人们保护好自己的妻子、女儿和姐妹，不然这些女性就会变成他的目标。至于这个凶手是否是黄道十二宫连环杀手，至今也没有得到警方的确认。但许多人都倾向于把这起谋杀案算在黄道十二宫连环杀手的身上。

　　在抓捕黄道十二宫连环杀手的过程中，警方确定了许多犯罪嫌疑人，但最终还是没有抓住凶手。这个黄道十二宫杀手便成了许多连环杀手的榜样和偶像。在警方和媒体那里，黄道十二宫杀手已经成了衡量连环杀手的标杆。人们总是把新的连环杀手和黄道十二宫杀手进行比较，如果两者有相似之处，警方就会给这些连环杀手起名为"佐迪亚克二世""某地佐迪亚克"，等等。

　　黄道十二宫连环杀手在沉寂了 40 年后，又突然出现了。一个名叫丹尼斯的男子对 FBI 说，他怀疑自己的继父杰克·塔兰斯就是名震一时的黄道十二宫杀手。因为丹尼斯在继父的遗物里发现了许多尸体的照片，还有一些字条，字迹与黄道十二宫连环杀手的字迹相同。此外塔兰斯还留了一盘录音带，承认自己就是黄道十二宫连环杀手。据说，丹尼斯的母亲在 10 年前就原因不明地死了，很可能就是塔兰斯所为。

　　FBI 为了确认塔兰斯是否真的是黄道十二宫连环杀手，便决定进行 DNA 对比。结果显示，黄道十二宫连环杀手就是杰克·塔兰斯。

【犯罪心理分析】

　　在 FBI 正式确认杰克·塔兰斯就是黄道十二宫连环杀手之前，许多犯罪心理专家都对黄道十二宫连环杀手进行了剖析。凶手写信给媒体和警方的目的是基于一种游戏的心态，他总是威胁说自己会再次下手，但实际上他什么也不会做。

　　凶手在外人看来是个正常的人，而且很有可能十分喜欢帮助别人，因为这样可以轻而易举地赢得被害人的信任。但他在社会中处于弱势地位，正因为如此，他才会不断地写信，从中获得控制和支配的满足感，好像这样就可以让自己处于优越地位。当警方把他的杀人过程说得很容易时，凶手就会非常愤怒，因为这样体现不出他的优势。

在官方公布的最后一起案件中，凶手在杀害保罗后和警察照面，差点儿被警察抓住。尽管事后凶手写信嘲笑了警察的愚蠢，但这段经历依旧让凶手心有余悸，所以之后凶手都没有再次下手。

此外，犯罪心理专家还表示凶手和女性的关系应该不怎么样，或者说根本没有体验过性快感，也可能没有性交过。因为凶手在杀人时往往能体验到性快感，把被害人看成没有生命的东西，让其完全被自己控制。有的专家则觉得凶手在幼年时曾虐待过小动物，而且总是沉浸在强烈的幻想中，把爱和暴力混淆了。凶手的母亲可能十分凶恶，而父亲则是个软弱的人。

第十三章

自然界的失误——安德烈·奇卡提罗

　　在奇卡提罗的第一起杀人案件中，他强奸的对象是个 9 岁的女童。但在第二起杀人案件中，他的强奸对象就变成了尸体，因为对方是 17 岁的少女。从这个变化过程可以看出，奇卡提罗在性行为中一直在寻找控制欲的满足。

　　1978 年 12 月 22 日，一个名叫叶雷娜·扎科特诺娃的 9 岁女孩没有忍住对一块美国产的口香糖的诱惑，跟着一个名叫安德烈·奇卡提罗的男子走了。奇卡提罗把叶雷娜带到了格鲁舍夫卡河附近的小屋内。当叶雷娜一进屋，奇卡提罗立刻关紧房门，并且露出了凶恶的表情，随即把叶雷娜扑倒在地，并堵住了她的嘴巴和蒙住了她的眼睛。接下来，奇卡提罗对叶雷娜实施强奸，叶雷娜越是痛苦，奇卡提罗越是兴奋。在奇卡提罗发泄完兽欲后，就松开了叶雷娜，这时叶雷娜威胁说，她要去报警。这种威胁直接导致了叶雷娜的死亡，听到这句话的奇卡提罗朝着叶雷娜的腹部捅了三刀，并把她丢到了河里，当时叶雷娜还没有死。最后，叶雷娜的尸体被打捞上来，据法医鉴定，叶雷娜死于溺水和失血性衰竭。

　　在随后的调查中，一个目击证人斯维塔娜·格伦科娃告诉警方，她曾看到叶雷娜和一名又高又瘦、穿着黑色外套的戴眼镜的中年男子走了。很快，犯罪嫌疑人的画像就出来了。警察觉得犯罪嫌疑人和奇卡提罗很相像，就找来奇卡提罗进行调查审问。在找到奇卡提罗的住所时，警察发现了他门口的血迹。但奇卡提罗却摆脱了警察的怀疑，有人认为这是因为奇卡提罗和犯罪嫌疑人的画像相比比较年轻，但也有人认为奇卡提罗一定贿赂了警察。

　　之后的 3 年内，奇卡提罗没有再杀人。但奇卡提罗杀人的冲动已经被激发出来了，他开始越来越渴望杀人，为了抑制这种冲动，他还专门为自己找了一份工作。但不久之后，他再次杀人。这次的被害人是个放荡的 17 岁女孩拉瑞萨·卡臣科。

　　拉瑞萨喜欢用身体交换美食美酒，正是因为这点，她才轻易地被奇卡提罗骗到了一处偏僻的丛林内。这次，奇卡提罗选择了奸尸，可能是因为对方年龄较大，不容易被控制。事后，奇卡提罗不仅没有恐惧和内疚，反而快乐地绕着尸体跳舞，这时他才意识到他彻底爱上了杀人带给他的快感和兴奋。

之后，欲罢不能的奇卡提罗杀害了更多的人，这里面有少女，也有男童，还有妇女。为了赢得被害人的信任，奇卡提罗一般会把自己打扮得十分斯文。奇卡提罗在选择目标人物时，也十分谨慎，死于奇卡提罗手下的人一般都是警惕性较低的少男少女或者是智障者，另外妓女也是奇卡提罗喜欢选择的对象，因为只要他出钱，妓女一般都会跟着他走。奇卡提罗所选择的作案地点通常都是人烟稀少的偏僻场所，例如他的位于镇外的住所或荒野树林中，奇卡提罗也被 BBC 等媒体称为"森林地带杀手"。

奇卡提罗还有"开膛手"的称号，因为他越来越喜欢折磨被害人，幸运的被害人会在死后被奇卡提罗开膛破肚，不幸的被害人则在活着的时候被奇卡提罗用咬下舌头、割下性器官和打开腹腔等手段将其折磨致死。奇卡提罗还十分喜欢奸尸和虐尸，并且还有食人的嗜好，他会割下被害人的某个部位食用，不过奇卡提罗最喜欢的还是喝被害人的鲜血。奇卡提罗在杀人完毕后，都会把被害人的眼珠给挖出来，因为他觉得被害人的眼睛会保留自己的信息。也可能奇卡提罗在潜意识里畏惧被害人那死不瞑目的眼神。

奇卡提罗的作案范围很广，可以说横跨整个俄罗斯。奇卡提罗的作案时间也很长，持续了 12 年之久。但这并不是说奇卡提罗就是一个高智商的、有组织的连环杀手，这完全是当时的社会环境所造成的。当时，政府对新闻媒体的管控十分严格，绝对不会允许连环杀手的新闻被公众所得知，这样无法让公众对类似的杀人案件保持警惕。

戈尔巴乔夫上台后，开始推行新的政策，要求警察一定要履行好自己的职责。所以那段时间警察比之前要尽忠职守得多。一次奇卡提罗杀了人后，脸上的血迹并未清理干净，引起了一名警察的怀疑。因为这名警察无法确定奇卡提罗脸上的污迹就是血迹，就在问了几个问题后放走了奇卡提罗。但这名警察却记住了奇卡提罗，所以在被害人的尸体被发现后，警方立刻逮捕了奇卡提罗。

此外，当时侦查技术的落后也给抓捕奇卡提罗带来了不小的麻烦。奇卡提罗的血型是 AB 型，其中 B 抗原体有时很不明显，甚至显示不出来。所以警察在把从被害人身上提取的精液和血液样本和奇卡提罗的血样进行对比时，发现二者不是同一血型。这样奇卡提罗便可以轻易地摆脱警方的调查。

被捕之后的奇卡提罗一直辩解说，自己根本无法控制杀人的冲动，甚至说自己有精神分裂的倾向。奇卡提罗在接受法庭的审判时，显得十分疯狂，他被剃成了光头，并且被关在一个特制的铁笼子里，他不停地向法庭上的人大喊大叫，就像他自己说的："我就是自然界的错误，一头疯狂的野兽。"

奇卡提罗说，平常的他和正常人没什么两样，有着完整的家庭，是个好爸爸，也是个好丈夫。但在某种特定的情境下，奇卡提罗就会变成野兽，虽然这也是他的组成部分之一，但他无法控制，就好像发疯的野兽一样。一时间，奇卡提罗这个连环杀手的故事在世界范围内传播得沸沸扬扬，有个日本人甚至还想花重金购买奇卡提罗的脑袋，用来研究变态连环杀手的杀人动机。但法官却认为，奇卡提罗是个没有内疚和悔恨之心的人，在他的心中只有自己最重要。

【犯罪心理分析】

奇卡提罗案件的调查员阿米尔克汗·雅迪耶夫认为，奇卡提罗的杀人动机只有一个，即性。虽然奇卡提罗有妻子，但却无法进行正常的性生活，为此他十分苦恼。在奇卡提罗杀人之前，就因为猥亵男学生而被开除。当时奇卡提罗是一所学校的宿舍管理员，他利用职务之便，强行要求男学生为他口交。在事情暴露后，奇卡提罗不仅丢掉了工作，还被学生家长暴打了一顿。按理说，奇卡提罗应该会受到法律的制裁，但因为家长和学校考虑到各自的颜面问题，便不了了之了。这件事情并不能证明奇卡提罗就是同性恋，他只是在用这种不正当的方式来缓解自己的性压抑。

在奇卡提罗的第一起杀人案件中，他强奸的对象是个9岁的女童。但在第二起杀人案件中，他的强奸对象就变成了尸体，因为对方是17岁的少女。从这个变化过程可以看出，奇卡提罗在性行为中一直在寻找控制欲的满足。

奇卡提罗之所以出现这种性变态，通过杀人或奸尸等方式来获得性高潮，与他的童年经历是分不开的。在奇卡提罗幼年时，曾目睹母亲被一群德军（当时正值第二次世界大战）轮奸，这或许就是导致奇卡提罗不能进行正常性行为的根源所在。

奇卡提罗还有吃人肉的嗜好，这或许与童年时期所经历的饥荒有关。在当时，斯大林推行集体化政策，苏联爆发了大范围的饥荒，即使奇卡提罗的家乡有着"苏联粮仓"之称，也不能幸免。对于大饥荒，斯大林选择了隐瞒和掩耳盗铃的态度，让饥荒变得更加严重。在1931年，奇卡提罗的哥哥斯特凡失踪了。奇卡提罗的父母便认为斯特凡一定是被邻居吃掉了，因为当时苏联没有粮食，人们就只能同类相食了。父母的这种观念和怨念深深影响了年幼的奇卡提罗，从而让他产生了同类也是可以吃的错误认识。

在德军入侵苏联期间，奇卡提罗的父亲被德军抓走并关在了集中营里，最后奇卡提罗的父亲凭借顽强的意志力幸运地生存下来。但不久之后，奇卡提罗的父亲就背上了叛徒的罪名。因为在当时的苏联有这样荒谬的观念：如果苏联人一旦被敌人逮捕，那么就只能牺牲，活下来的只能是叛徒，死了的就是光荣的民族英雄。有了叛徒的父亲，奇卡提罗的人生便注定是个悲剧。据说，奇卡提罗曾经是一名成绩非常优秀的学生，但因为家庭的政治问题不得不放弃继续深造的机会，最后只能留在一所学校担任宿舍管理员。也就是说，因为父亲，不论奇卡提罗如何努力，都只能游走在社会的下层，他终其一生都要饱受歧视。这也就造成了奇卡提罗仇视社会的心理，促成了其反社会人格障碍的形成。

第十四章

死亡医生——哈罗德·希普曼

作为一名连环杀手，虽然希普曼在杀人数目上名列前茅，但他的杀人手段却显得非常"温和"，他在杀人的时候没有掺入暴力和性的元素，而且那些被害人都没有被希普曼折磨。希普曼虽然继承了一些被害人的遗产，但这显然不是他的杀人动机。

哈罗德·希普曼是个受人尊重的医生，同时也是个疯狂的连环杀手。自从希普曼开始行医，他就开始杀人，而且对象都是中老年妇女，如果不是被害人凯瑟琳·格伦蒂的女儿起疑心，那么会有更多的人死在希普曼的手上。

1970 年，希普曼从利兹大学医学院毕业。据说，希普曼是在国家奖学金的资助下才完成了学业。在老师和同学们的眼中，虽然希普曼为人很孤僻，但十分热爱学习。毕业后的希普曼进入了一家制药工厂工作。4 年后，希普曼进入一家诊所工作。

在此期间，希普曼还完成了结婚生子的人生大事。他和妻子是在公共汽车上认识的，两人的恋爱、结婚进行得很顺利，婚后不久就开始生孩子，而且一口气生了 4 个孩子。

成为诊所的医生后，希普曼就开始痴迷麻醉剂和止痛药，并利用给病人开具的处方，获得杜冷丁等麻醉剂和镇痛药，来满足自己的毒瘾。很快，希普曼的丑事被曝光了。在 1975 年，希普曼因为私开药品和使用毒品罪被告上了法庭。按照法庭审理的结果，希普曼只需要交罚款和接受戒毒所的治疗就可以了。值得一提的是，希普曼的医生执照并未被吊销，之后他就可以利用医生身份的便利开始杀人。其实在希普曼接受审讯的时候，就已经开始杀人，只是当时并未引起注意罢了。希普曼在戒毒所的表现非常不错，相关负责人都被希普曼真心悔过的表现所打动，当然这只是表面现象罢了。

1998 年，一位 81 岁的女士凯瑟琳·格伦蒂突然去世了。希普曼是凯瑟琳的医生，一直负责凯瑟琳的健康。所以当凯瑟琳觉得不舒服时，第一时间想到了希普曼，希望希普曼的医术可以帮她减轻病痛。在治疗期间，凯瑟琳突然更改了遗嘱，把 80 万英镑的财产都留给了希普曼，所以在凯瑟琳死后，希普曼便被凯瑟琳的女儿怀疑上了。

凯瑟琳的女儿安吉拉·伍德芙在得知母亲去世的消息后十分伤心，但是并未马上怀疑希普曼。那个时候希普曼建议安吉拉尽快将凯瑟琳火葬，希普曼这么做其实就是在毁灭证据。但最终，安吉拉却决定将母亲土葬。

在处理完母亲的后事后，安吉拉便开始整理母亲的遗物。此时的安吉拉悲痛的情绪已经渐渐得到了缓解，所以对母亲突然更改遗嘱的行为感到非常疑惑。安吉拉是个律师，所以立刻看出了这份遗嘱的问题。在安吉拉的心中，母亲是个认真仔细的人，但在遗书这个人生重大问题上，母亲却表现得十分马虎。那份遗书不仅打印得很糟糕，而且上面的签名也非常奇怪。遗嘱的内容更让安吉拉觉得不对劲，母亲不仅把全部遗产都留给了一个医生，而且都没有提及另一处房产。后来，安吉拉在另一名律师的建议下，决定报警。

接到报警电话后，警察立刻对嫌疑人希普曼医生进行了调查。在诊所里，警察发现了一台"兄弟"牌打字机，打印出来的效果与遗嘱字迹完全吻合。在凯瑟琳的尸检报告里，法医在凯瑟琳的尸体里发现了大量可以置人于死地的吗啡。这说明，凯瑟琳并非自然死亡，而是被人谋害了。于是，希普曼便被逮捕了。

这起谋杀案被公布后，警方便接到了大量的举报电话，原来希普曼还用同样的手段杀害了许多老人。经过调查，警方发现至少有 15 个老人的死是希普曼干的。最终经过英国法院的审理，希普曼被判处了 15 个终身监禁。

但希普曼杀害的人远远不止这 15 个，许多被害人的家人根本不满意这样的判决，于是就要求警方对希普曼的杀人案件进行调查，让真相大白。在公众的强烈要求下，英国高等法院法官珍妮特·史密斯夫人接受英国卫生部任命，彻底调查希普曼一案。这一查，查出了一个惊人的结果，死在希普曼手上的人多达 215 个。

在 2002 年，史密斯夫人公布了调查结果，海德镇教堂的钟敲了整整215 下。当地的 215 个家庭收到了史密斯夫人的来信，信上的内容便是"希普曼非法杀害了你的亲人"。

希普曼的杀人方式很简单，就是往被害人的静脉中注射过量的药物。因为被害人大都是老人，而且都独自一人在家居住。当身体不舒服时，老人就会去希普曼的诊所看病或直接要求希普曼上门看病。在病人死后，希普曼就会通知家属。在家属赶到后，希普曼就会简单地解释自己为什么会在这里，或者直接告诉家属在他发现时病人已经死了。

案件还没有结束，史密斯夫人还在继续调查，并在 2003 年公布了新的调查报告，这一次史密斯夫人把矛头对准了警察，认为正是因为警察的疏忽职守，才让希普曼这个疯子一直逍遥法外，因为希普曼早就可疑了。

在 20 世纪 90 年代初，一个名叫约翰的出租车司机就开始怀疑希普曼。约翰发现那些年纪较大的客人总会莫名其妙地死亡，于是他就告诉了妻子，约翰的妻子开始把死亡的老人的名字集中起来，看看有什么线索。结果发现这些老人在死前都去过希普曼的诊所。约翰把这个发现告诉了身边的人，这个消息就在当地流传起来。

希普曼是个连环杀手，但同时也是个医术精湛的医生，在当地和病患之间的关系很不错，找他看病的人也很多，是个颇有名望的医生。所以流言就只能是流言。

对希普曼表示怀疑的还有他的同事林达·雷诺兹医生。雷诺兹通常也会接待一些老年病人，但他发现希普曼的病人的死亡率远远高于他所医治的病人。雷诺兹把这个怀疑报告给了死因调查官，调查官立刻下令着手调查。但当地的警方却觉得德高望重的希普曼医生绝对不可能杀人，于是根本就没去询问希普曼，就连简单的调查都未进行。如果警察能利用电脑查询一下全国联网的犯罪记录，那么就会发现希普曼曾经有过开假处方和骗购违禁药物的犯罪记录。当地警方的懒惰，直接给希普曼的杀人行为开了便利之门。

在希普曼被关进监狱之后，许多人都很好奇他的杀人动机，但希普曼却对有关谋杀案的问题缄口不言。除此之外，希普曼表现得十分配合，是监狱里的模范囚犯。希普曼不仅会认真完成狱警所交代的工作，还把 4 本《哈利·波特》都翻译成了盲文，每天保持着读《卫报》的习惯。值得注意的是，每当电视上播出关于希普曼杀人的报道时，希普曼就会表现得很高兴，不仅会认真观看，还会露出得意的笑容。这是许多变态连环杀手都有的心态，这些报道不仅可以满足他们渴望被关注的需求，同时可以让连环杀手在回顾杀人经历的过程中重新体会杀人的刺激和兴奋感。

2004年1月14日，这天是希普曼58岁的生日，在生日的前一天希普曼选择了自杀。希普曼把床单拧成一根绳，然后用它吊死了自己。希普曼的自杀让英国监狱管理局十分意外，因为他们觉得希普曼是个很正常的囚犯，根本没有自杀的倾向，就在自杀前希普曼还在坚持学习。

希普曼死后，英国媒体爆出了两条令人震惊的新闻。第一条是关于希普曼遗体的去向，希普曼的遗体被送到了科学家那里，科学家希望能从希普曼的大脑中发现他杀人的秘密，从而建立暴力犯罪行为和人体生理结构之间的联系。另一条新闻是史密斯夫人的报告，即使希普曼死了，她也没有放弃调查。在她的调查报告中，希普曼的杀人数目已经增加到了256人。

【犯罪心理分析】

作为一名连环杀手，虽然希普曼在杀人数目上名列前茅，但他的杀人手段却显得非常"温和"，他在杀人的时候没有掺入暴力和性的元素，而且那些被害人都没有被希普曼折磨。希普曼虽然继承了一些被害人的遗产，但这显然不是他的杀人动机。在希普曼接受审讯的时候，对于谋杀案一直保持着沉默的态度，每当警方问及他的罪行时，希普曼就会转头看向墙壁。所以犯罪心理专家只能从希普曼的早年经历入手。

希普曼出生于一个普通的工人家庭，父母对他的期望很高。希普曼与母亲的关系不错，母亲告诉他，他将来一定会很优秀，超过周围所有人。此外，母亲还限制了希普曼的人际交往。在希普曼17岁那年，母亲患上了肺癌。直到母亲去世，希普曼一直陪伴在母亲身边。在肺癌晚期，母亲每天都被病痛所折磨，而这时医生会给希普曼的母亲注射吗啡和海洛因。在母亲去世后，悲痛不已的希普曼在大雨中狂奔了一夜。这段经历或许就可以解释希普曼为什么杀人，而且杀人对象都是老年妇女，所采用的杀人手段则是注射过量的吗啡。

第十五章

老祖母杀手——塔玛拉·萨姆索诺娃

幻想型杀手在挑选目标时，通常都没有固定的类型，这完全是由其混乱的大脑所决定的。因为大脑总是处于混乱状态，所以幻想型杀手不能离家太远，只能在家的附近杀人，而萨姆索诺娃则直接把杀人地点选在了家里。

2015 年 7 月 27 日，俄罗斯圣彼得堡南部的住宅区的一名居民在带着狗遛弯时，他的狗发现了一块浴帘包裹着的碎肉。当他走近时，看到了几块骨头，就觉得这可能是鸡骨头之类的食物残渣。但很快他就辨认出了这可能是被肢解后的尸体，因为他看见了人的胳膊、胸脯等。俄罗斯警方在接到报警电话后立刻赶到案发现场并展开调查，还调取了监控录像。

通过监控录像，警方发现了一个可疑的老太太，这名老太太曾多次在夜间使用电梯，还带着 4 个黑色编织袋，袋子里好像装着什么东西。有一次，老太太的手中还拿着一口煮锅，后来调查证明，这口锅里装着的是被害人的头颅。很快，老太太的身份便被锁定了，她是一名 68 岁的退休女性塔玛拉·萨姆索诺娃。不久之后，附近的居民就在同一片住宅附近的水塘里发现了一袋碎尸，里面有女性的臀部和大腿等。

经调查，被害人是一名 79 岁的瘫痪女性，名叫瓦伦蒂娜·乌拉诺娃，是萨姆索诺娃的好友，曾经和萨姆索诺娃居住在一起。由于瘫痪，她受到了萨姆索诺娃不少的照顾，而萨姆索诺娃也承诺过，她会一直照顾乌拉诺娃。

在确定了萨姆索诺娃犯罪嫌疑人的身份后，警方就去抓捕萨姆索诺娃，当时萨姆索诺娃正在家中，她不仅没有慌乱，反而镇定地跟着警察走了。当然，对于这个老年妇女杀手，媒体是不会放过的，所以萨姆索诺娃一出门就遇到了许多记者，她不仅不觉得不光彩，甚至还对着镜头给出了一个邪魅的飞吻，当时的她穿着一件红色的毛衣，一切看起来都显得那么诡异。

在萨姆索诺娃被捕之后，警方在她的住处发现了一把锯子、一把刀子，萨姆索诺娃的卫生间内还散布着大量可疑的血迹。萨姆索诺娃老实交代了自己的杀人事实。当被问到杀人动机时，萨姆索诺娃说，她厌倦了照顾乌拉诺娃，并且抱怨乌拉诺娃甚至无法清洗干净自己用过的茶杯。

后来，公寓的管理人员在萨姆索诺娃居住的房间里发现了一本日记，与其说是日记，倒不如说是杀人记录更合适。在这本日记里，萨姆索诺娃详细记录了杀人的过程，还记录下了被害人的身份、年龄和性别等。这本日记中一共使用了俄语、英语和德语三种语言。从这本日记中可以看出，虽然萨姆索诺娃最近才被抓捕，但她从 20 世纪 90 年代就开始杀人了，在 20 年内一共杀害了 13 人，其中可能就包括萨姆索诺娃的丈夫在内。

这本日记被警方拿到后，就变成了破案的关键线索。根据公寓管理人员的交代，他是在一本早已绝版的巫术与占星学的书籍中发现这本日记的，而在警方所发现的一袋被肢解的中年男性的尸体中，也发现了几页被撕下的占星学书籍内页，而这几页书恰恰就是从萨姆索诺娃的那本书上撕下来的。

在萨姆索诺娃的日记中，曾经描述了一名有文身的男子，还具体描写了文身的图案和位置。这让警方想起了在 2003 年发现的一袋碎尸，被害人是一名男性，而且那名男性的腿部就有一个文身，文身的位置和图案与萨姆索诺娃描写的完全吻合。当时，警方就怀疑上了萨姆索诺娃，并且搜查了萨姆索诺娃的屋子，在她的屋子里发现了几张被害男子的名片，但仅仅这点儿证据根本无法对萨姆索诺娃提起诉讼，所以警方只能放过萨姆索诺娃。

萨姆索诺娃的杀人事实被俄罗斯的一家新闻网站公布后，立刻在俄罗斯引起了轰动，在大多数人的心中，这样残忍的连环杀手应该是男性，但没想到居然是一名老年女性。随后，俄罗斯媒体就给她起了一个"芭芭雅嘎"的外号，芭芭雅嘎是斯拉夫人的民间传说中一个流传甚广的女性食人狂魔的名字。英国媒体在播报这个新闻时，则称萨姆索诺娃为"开膛手奶奶"。但在邻居们的眼中，萨姆索诺娃则是"迪米特洛娃大街上的幽灵"。萨姆索诺娃也成功颠覆了慈祥老奶奶的形象，大多数人的外祖母慈爱又善良，而萨姆索诺娃则是一个残忍的连环杀手。

不少邻居都回忆起了萨姆索诺娃那怪异的言行，例如萨姆索诺娃是个典型的昼伏夜出的人，总是在夜晚出来。一位邻居玛丽娜在面对媒体的采访时，则透露出了更多怪异的细节。玛丽娜说，她曾问过萨姆索诺娃："你的丈夫去哪儿了？"萨姆索诺娃回答说："说起来真让人觉得伤心。他突然毫无征兆地离开了我，消失不见了。"据说，萨姆索诺娃还曾为丈夫报了人口失踪，在那以后就没有人再见过她的丈夫，就好像人间蒸发了一样。

除了萨姆索诺娃的丈夫和好友外，其他惨遭毒手的被害人都是萨姆索诺娃的房客。因为萨姆索诺娃的住所有一间多余的卧室，萨姆索诺娃把这间卧室租了出去。

玛丽娜告诉媒体，她曾经和一名萨姆索诺娃的男性租客聊过天。那名男子告诉玛丽娜，他很不喜欢自己的房东，感觉房东总是怪怪的，想要尽快搬走。从这以后，玛丽娜就再也没见过这名男子，她以为那名男子很有可能已经搬走了。在萨姆索诺娃被捕之后，她才恍然意识到，那名男子很可能就是被萨姆索诺娃给杀死了。

【犯罪心理分析】

虽然萨姆索诺娃的犯罪事实已定，但她却没有被送上法庭接受审判，因为她的精神状态似乎无法接受审判。萨姆索诺娃的杀人动机更加令人困惑，如果说她杀害了好友是为了摆脱照顾她的麻烦，那么她所杀害的其他人基本上和她没什么关系，这又该如何解释？总的来说，萨姆索诺娃不是普通的杀人犯，她的杀人动机也不是简单的图财或复仇，她的杀人动机应该有更深层、更复杂的原因。

萨姆索诺娃在被警察审问时，她出现了认知混乱的现象。萨姆索诺娃首先告诉警方，她是一名芭蕾舞者，是从圣彼得堡芭蕾舞学校毕业的。在之后的一次审问中，萨姆索诺娃就改口了，她说自己是一家豪华宾馆的退休服务员，她会三种语言，专门负责为政府提供监控服务，主要监视进出宾馆的外国人。萨姆索诺娃所说的这种情况，在如今的俄罗斯是不存在的。但考虑到她的年龄，所以可以认定萨姆索诺娃所说的就是事实，在苏联时期，这种监控是完全可能的。而且从萨姆索诺娃的日记中可以看出，她的确会三种语言。而萨姆索诺娃所说的豪华宾馆很有可能就是如今的"欧洲大饭店"，这家宾馆在苏联时期就经常有外国人出入。

这种对自己身份认知的矛盾或许可以说明萨姆索诺娃很有可能患有严重的精神分裂症。在萨姆索诺娃的邻居那里，调查人员得知，萨姆索诺娃的精神状态的确有些不正常，而且还多次接受过精神治疗。

在萨姆索诺娃的新闻被报道出来后，一位俄罗斯的网友在报道下面留言："我真想看看她的脑袋中到底在想些什么。"这也是许多人的心愿，所以俄罗斯警方表示，为了能更多地了解萨姆索诺娃的精神状态以及确定她的精神状态是否适合出庭接受审判，萨姆索诺娃将被送去接受一项精神状态的测试。

如果说萨姆索诺娃真的有严重的精神分裂症，那么她的杀人动机应该是被幻想所驱使的，她属于幻想型的杀手。幻想型的杀手属于无组织杀手中的一种，通常此种类型的杀手都有精神病，有的甚至患有精神分裂和精神错乱。

在萨姆索诺娃每次准备杀人之前，都会事先给被害人服用镇定剂，然后被害人就会在药物的作用下失去反抗能力，让萨姆索诺娃为所欲为地将其杀害并肢解。萨姆索诺娃的杀人过程表现出了有组织性，和幻想型杀手的无规律杀人不同。这或许与年老体衰的特点相关，萨姆索诺娃不仅是名女性，而且年纪很大，如果不借助药物，她根本就无下手的可能。

幻想型杀手在杀人时因为是完全受到幻想的驱使，所以没有多少理性，其反侦查能力也十分有限，总会在案发现场留下大量的证据。萨姆索诺娃在杀人后，虽然想到了肢解尸体并且在夜晚抛尸，但她却没有及时清理卫生间的血迹，这让警方在搜查时掌握了有力的证据。

幻想型杀手在挑选目标时，通常都没有固定的类型，这完全是由其混乱的大脑所决定的。因为大脑总是处于混乱状态，所以幻想型杀手不能离家太远，只能在家的附近杀人，而萨姆索诺娃则直接把杀人地点选在了家里。

第十六章

让杀戮变成生意——亨利·霍华德·霍尔莫斯

霍尔莫斯十分喜欢欣赏这些女人被煤气熏、被火烧或在硫酸桶中痛苦挣扎的样子，并称之为死亡艺术。当然，有时候霍尔莫斯也会亲自上阵，把被害人骗到地下室，那里摆放着许多刑具，他会剥掉被害人的皮肉或用被害人的尸体做解剖实验。最后，霍尔莫斯还会利用被害人的骨骼挣钱，在把被害人的骨骼进行漂白处理之后，卖给医学界。

作为美国历史上第一位连环杀手，亨利·霍华德·霍尔莫斯同时还是一名商人，霍尔莫斯为了能把挣钱和杀人爱好结合在一起，还专门花费巨资，在芝加哥建造了一座表面上看起来是酒店，但实际上却是一个杀人魔窟的城堡。

1882 年，霍尔莫斯被密歇根大学医学院录取了。对于医学院的学生来说，解剖是必不可少的课程，尤其是以解剖学闻名于世的密歇根大学医学院，而对于霍尔莫斯来说，这恰恰是他的最爱。但在那个时代，能被医学院的学生用于学习解剖的尸体很少。所以在密歇根大学医学院有一条不成文的规定，身为密歇根大学医学院的学生，在学习解剖课程之前，必须得先学会做小偷，偷的东西就是尸体。

很快，霍尔莫斯就爱上了偷尸体，并且做起了"生意"。霍尔莫斯和同学联合起来利用尸体骗取保险金。霍尔莫斯在墓地偷到尸体后，就会将尸体毁容，然后找同学来辨认尸体，这样就可以诈取保险金，最后霍尔莫斯会和同学一起分享这笔钱。霍尔姆斯的生意做得越来越红火，最后霍尔姆斯都觉得自己不是医生，而是医学界的诈骗高手。

1884 年，霍尔莫斯顺利地从密歇根大学医学院毕业，还拿到了医生执照。毕业后的霍尔莫斯先去了波士顿和明尼双子城，但他对这两个城市并不满意，就去了芝加哥，最终决定在芝加哥定居。霍尔莫斯之所以这么喜欢芝加哥，完全是因为芝加哥的肉类加工业十分发达，虽然肉类加工业所杀戮的只是动物。

霍尔莫斯在一家畜牧场附近找了一份杂货店的工作，这家店的老板是个寡妇。不久之后，这名寡妇就消失了，而霍尔莫斯则继承了这个杂货店。为了能挣更多的钱，霍尔莫斯开始销售伪劣药物，积累了不少的金钱。利用这笔钱，霍尔莫斯在店铺的对面买了一块地，开始建立属于自己的城堡。与此同时，霍尔莫斯结婚了，但这段婚姻维持的时间非常短暂，只有一年。

霍尔莫斯的个人城堡有着爱伦坡的建筑风格，一共有三层。一楼由一个药店和一个餐厅组成，显得十分正常。二楼则由办公室和各种隔音房间组成。最底层则是一个地下室，和霍尔莫斯的办公室连接着，地下室还有一个巨大的燃油锅炉。总之，这幢城堡是完全按照霍尔莫斯的个人意愿建造的，在建筑工人们看来，这幢城堡显得很古怪，但在霍尔莫斯看来，这是个令人满意的屠宰场。

城堡竣工后，霍尔莫斯为了不引起别人的怀疑，就辞退了建筑工人，只留下了一个名叫本杰明的工人。本杰明没有受过什么教育，而且头脑简单，对于霍尔莫斯来说这是个很好控制的对象。本杰明当然想留下来，因为他有老婆孩子要养。

1893 年，霍尔莫斯的杀人生意达到了顶峰，这一年世界博览会在芝加哥召开，一时间大量的人口集中到芝加哥，酒店生意立刻变得红火起来。霍尔莫斯的城堡也招揽了不少客人，但对于霍尔莫斯来说，最重要的是选择合适的杀人对象，而不是利用机会赚钱。如果有人来他的城堡表示想要住店，那么霍尔莫斯通常只会留下女性，对男性顾客说这里已经客满。霍尔莫斯留下的女性顾客一般都比较有钱，霍尔莫斯会花言巧语地骗取这些女人的信任，然后强迫她们签订财产转移的文件。

之后，霍尔莫斯就会把这些女人从电梯井扔下去，或者把她们关进煤气室。霍尔莫斯十分喜欢欣赏这些女人被煤气熏、被火烧或在硫酸桶中痛苦挣扎的样子，并称之为死亡艺术。当然，有时候霍尔莫斯也会亲自上阵，把被害人骗到地下室，那里摆放着许多刑具，他会剥掉被害人的皮肉或用被害人的尸体做解剖实验。最后，霍尔莫斯还会利用被害人的骨骼挣钱，在把被害人的骨骼进行漂白处理之后，卖给医学界。在世博会期间，霍尔莫斯成为医学界骨骼和尸体的重要供货商。

一个被霍尔莫斯杀害的女性是茱莉亚·康纳。茱莉亚的丈夫就在霍尔莫斯的杂货店卖珠宝。为了能猎获茱莉亚这个猎物，霍尔莫斯让茱莉亚在自己的城堡工作，还花时间勾引茱莉亚。茱莉亚很快就春心萌动，毕竟霍尔莫斯是个英俊又多金的男人，比自己的丈夫强多了。为了能和霍尔莫斯在一起，茱莉亚甩掉了丈夫，并搬进了城堡居住。5 个月后，茱莉亚告诉霍尔莫斯她怀孕了，她想要和霍尔莫斯结婚。霍尔莫斯一看机会来了，就骗她说："只要你跟着我去地下室堕胎，我就会娶你。"天真的茱莉亚答应了。

茱莉亚乖乖跟着霍尔莫斯来到地下室，地下室的一切都没有引起茱莉亚的怀疑，毕竟对她来说霍尔莫斯是值得信任的人。按照霍尔莫斯的吩咐，茱莉亚躺在解剖台上。之后，霍尔莫斯就用麻醉剂浸湿了一块布，并盖在了茱莉亚的嘴巴上。最终，霍尔莫斯成功地把茱莉亚的血肉和骨骼分离开来，并把茱莉亚的骨架卖给了一个名叫查尔斯的中间商。

霍尔莫斯这个庞大的城堡，是个吃人的魔窟，但同时还是个吸金的无底洞。尽管霍尔莫斯骗取了不少女人的财产，而且还做着卖尸体和骨骼的生意，但这些钱根本无法支撑城堡的运营，所以霍尔莫斯不得不想办法多赚钱，这时他盯上了一个名叫明妮的女人。

明妮是霍尔莫斯的老熟人，霍尔莫斯还知道，最近明妮刚从叔叔那里继承了一座大庄园。霍尔莫斯为了能得到明妮的大庄园，就使出了浑身解数追求明妮，结果他成功了。有一次，霍尔莫斯告诉明妮，他决定带着明妮和她妹妹去欧洲旅游，明妮很高兴，就在霍尔莫斯的怂恿下把大庄园转到了霍尔莫斯的名下。在他们准备出发的前一天，霍尔莫斯把明妮姐妹骗到了城堡中，然后分别杀掉了她们。

贪婪的霍尔莫斯根本不满足于从明妮那里得到的大庄园，他想从明妮两姐妹的身上赚到更多的钱。于是他就烧掉了明妮的房子，制造了明妮姐妹意外死亡的假象，然后去骗取保险金。这是霍尔莫斯犯下的一个致命性的错误，警察开始怀疑他了。与此同时，债主们也开始向他讨债，因为霍尔莫斯在世博会期间借了 5 万美金。为了躲避债主和警察的调查，霍尔莫斯准备离开这个杀人大本营，封掉了城堡的二楼和地下室后，他就带着本杰明跑到了得州，明妮的大庄园就在得州。

但很快，霍尔莫斯就开始讨厌起得州来。得州和繁华热闹的芝加哥不同，是个安静的地方，这样霍尔莫斯根本无法掩盖自己的杀人行为。为了能赚钱，霍尔莫斯便开始偷马。在得州，偷马是一种很严重的罪行，是要被判死刑的，于是霍尔莫斯不得不继续逃亡。

到了一个新的地方后，霍尔莫斯干起了诈骗药店的勾当，结果被药厂起诉并被关进了监狱。霍尔莫斯出狱后，又找到了老搭档本杰明，并和本杰明一起合作，在费城开了一个假的专利局。为了骗取保险金，霍尔莫斯计划弄一个和本杰明相似的尸体。但后来，霍尔莫斯遇到了一个狱友。在和狱友的聊天中，霍尔莫斯得知狱友因为抢火车赚了不少钱。这激起了霍尔莫斯的嫉妒心和攀比心理，于是就吹牛说自己能拿到本杰明一万美元的保险金。这次，霍尔莫斯决定不再用伪装的尸体，而是选择把本杰明杀死。霍尔莫斯在把本杰明灌醉后，把他绑在了椅子上，然后给本杰明灌进了大量的、致命的麻醉剂。最后他把现场伪装成一起意外事故，还特意烧坏了本杰明的脸。

两天之后，本杰明的尸体被发现了。霍尔莫斯找到了本杰明的妻子卡丽，告诉卡丽本杰明没有死，他们只是找了一具尸体来骗保险金。霍尔莫斯建议卡丽带着孩子去卡卡那提找本杰明。对于霍尔莫斯，卡丽虽然并不信任，但也没办法，只能让霍尔莫斯把孩子带去了印第安纳波利斯。霍尔莫斯在那里找了一个房子，并且还修建了一个大锅炉。邻居们都很好奇，就问霍尔莫斯为什么放着方便的燃气不用，而花功夫修建这么大的一座锅炉。霍尔莫斯说，燃气对孩子不好。当霍尔莫斯准备逃往多伦多时，他带着的孩子的数量已经减少了。

霍尔莫斯的那名狱友在报纸上读到了本杰明死亡的消息后，立刻想到了霍尔莫斯曾打赌说自己一定会得到本杰明的保险金，于是这名狱友觉得很可能是霍尔莫斯杀死了本杰明，就向当地警方举报了霍尔莫斯。后来，警方找到本杰明的妻子，告诉卡丽凶手很有可能就是霍尔莫斯。卡丽这时才尖叫着告诉警察，她的孩子就在霍尔莫斯的手中。但为时已晚，孩子们已经凶多吉少。

随后，本杰明的尸检报告也出来了。尸检报告显示，置本杰明于死地的是大量的麻醉剂。在霍尔莫斯被捕之后，警察便以谋杀本杰明的罪名起诉了霍尔莫斯。后来，警方根据卡丽所提供的地址，找到了多伦多的一间地下室。一个附近的居民告诉警察，霍尔莫斯曾在他这里借过一把铁锹。当警察进入地下室后，发现地面似乎有被动过的痕迹，于是就怀疑孩子的尸体埋在地下。经过一番挖掘后，警察发现了卡丽两个女儿的尸体。后来，警察在印第安纳州发现了卡丽儿子被烧焦的尸体。

这些发现，让警察怀疑霍尔莫斯在芝加哥的城堡里应该也有不少尸体。最终警察在霍尔莫斯的城堡里发现了200多具完整的和不完整的尸体。

被捕之后的霍尔莫斯为了证明自己无罪，还专门写了一本书。但最后霍尔莫斯还是认罪了，并告诉警察：在他出生的时候，撒旦就站在他的床边，成了他的天父。最终，霍尔莫斯被判处死刑。霍尔莫斯担心死后他的尸体会被医生偷走用作研究，于是就要求在下葬后用水泥封死自己的坟墓，警察也按照他的意思做了。

虽然霍尔莫斯已经被处死了，但关于这个案件依旧疑点重重，有人甚至怀疑在霍尔莫斯的背后有一个杀人集团，而且警察和保险调查员很可能就是其中的成员。在霍尔莫斯的城堡中发现了200多具尸骨，这么多的人在这座城堡里有去无回，难道都没有引起警察的怀疑？而且霍尔莫斯还诈骗了那么多的保险金，难道都没有引起保险调查员的怀疑？关于这起连环杀人案，最让人怀疑的便是霍尔莫斯从被捕到执行死刑的时间非常短暂，短暂得很不合理。

【犯罪心理分析】

霍尔莫斯不仅是个连环杀手，同时还是个精神病患者。在霍尔莫斯被捕之后，他告诉警察，他的脸正逐渐变成魔鬼的面孔。和许多连环杀手一样，在霍尔莫斯看来，杀人没有什么不对，是一种游戏，可以从中得到快乐，同时也是一种生意，可以从中赚钱。霍尔莫斯之所以会变成一个魔鬼，或许与他的早年经历分不开。

霍尔莫斯出生在芝加哥的一个小村庄里，在他小时候，美国刚刚经历了内战，随处可以看到人的尸体，许多人对死亡也开始有了新的看法。霍尔莫斯是个聪明而且害羞的孩子，同时还有病态的好奇心，十分喜欢解剖尸体。

对于大多数人来说，尸体是恐怖的，但对于医生和护士来说，想要研究人体的奥秘，就必须从解剖尸体入手，所以死于战争的人就成了解剖的对象。在药店，人体骨架就更是常见了。有一次，霍尔莫斯去了一家药店，看到了人体骨架，当时他很害怕，但也很好奇。

当霍尔莫斯的父母意识到儿子对人体骨架十分感兴趣后，就强烈要求霍尔莫斯放弃这种病态的爱好，甚至还严厉地处罚了霍尔莫斯。霍尔莫斯的父母这么做是出于宗教情结，因为他们都是虔诚的教徒。父母的惩罚不仅没有让霍尔莫斯放弃解剖，反而让他变得更加自我。后来霍尔莫斯便把门口的小树林变成了解剖的场所，总是在那里解剖一些小动物。这种病态的爱好就是他日后成为杀人狂魔的最初动因。

第十七章

妓女变猪食——罗伯特·彼克顿

比较常见的性变态有恋物癖、露阴癖等。但这种性变态对于连环杀手来说却显得有点儿小儿科了，连环杀手的性变态往往是极端的、恐怖的，他们把折磨和杀害被害人作为性行为的一部分，如果缺少了这个部分，连环杀手往往会得不到性满足。有的连环杀手同时还是个恋尸癖，会对死者的尸体产生性欲。

　　罗伯特·彼克顿是加拿大温哥华东区的一个农场场主，在周围人的眼中，彼克顿虽然为人比较冷漠，但人品总体上来说不错，经常会送给邻居们和朋友们一些猪肉产品。但让人们想不到的是，就是这样一个普通人，居然杀死了许多人，而且他的猪肉产品中很可能已经混入了人类的尸体。也有人认为，彼克顿把被害人的尸体混入了猪饲料中。不论是哪种情况，都让人难以接受，对于那些曾经吃过彼克顿猪肉的人来说，这更是一场令人恶心的噩梦。

　　彼克顿的农场位于加拿大温哥华东区，这是一片贫穷且混乱的地方，或许在加拿大再也找不到如此脏乱的地方了。这里到处都是贫民窟，比世界上任何一个地方的贫民窟都要糟糕。除了肮脏不堪的街道和巷子外，地面上那随处可见的避孕套和注射针头也成了这个地区的特点之一。通过这些避孕套和注射针头就可以得知这里聚集着不少的妓女和吸毒人员。当然也不排除妓女染上了毒瘾。

　　在这个地区有许多妓女，这些妓女卖淫所得到的钱基本上都花费在毒品上了。虽然这里到处都是避孕套，但安全性行为却是一种幻想，这里艾滋病的感染率是加拿大最高的。

　　从20世纪80年代起，这里的妓女就开始不断地失踪。但是这种情况并未引起人们的注意，对于妓女这种难以捉摸的流动人口，失踪似乎是很正常的。事实上，很多妓女从小就有离家出走的习惯，频繁地更换住所和名字更是家常便饭。这种不稳定性给警察的调查工作也带来了不小的麻烦，警察根本无法对她们进行长期的跟踪调查。对于妓女的家人和朋友来说，他们也不会关心她到底会去哪里。

　　在20多年后，妓女失踪的现象才真正引起了当地警方的注意，警察开始根据失踪名单寻找这些妓女的下落。但早期的失踪案件根本无法发现什么有价值的线索，仿佛她们只是不见了而已。

　　1983年，警察接到了一个报告失踪人口的电话，失踪者是个妓女，名叫丽贝卡·格诺，23岁。曾有人说在三天前见过丽贝卡，接下来就没有下文了。之后失踪的妓女是切丽·雷尔，43岁。她在失踪三年后才被警察确认为失踪人口。接下来失踪的人名叫爱莲·奥尔巴斯，33岁。在她失踪前曾告诉朋友，她将搬到西雅图居住。之后爱莲就消失了，也没有在西雅图出现过。而后失踪的妓女是个黑人，39岁的凯思林·瓦特利是在1992年6月失踪的。之后的三年内，警方没有再接到报告人口失踪的电话。1996年，警方又接到了报告人口失踪的电话。

1998年，温哥华东区的居民给当地警方发了一份女性被害人的名单，并要求警察能尽快调查。但这份名单并未引起警方的重视，因为警方通过研究这份名单发现了许多错误。这些名单上的人并非都是被谋杀的，有些人是因病或吸毒过量而死的，有些人则是选择离开了温哥华东区，并未死亡。

这份死亡名单引起了一个名叫戴夫·迪克森的警察的重视，并开始单独行动。最后迪克森列出了一个失踪女性的名单，并把这份名单交给了上司。迪克森的这份名单立刻被重视起来，当地警方成立了特别调查小组，关于妓女失踪人口案的调查正式开始。

因为有些失踪人口时间太长，而且这些失踪的女性来自温哥华各种不同的生活层面和地方，所以让警察产生了无从下手的感觉。最终，警方决定从1995年的失踪人口着手调查，这样可以缩小一些范围。随着调查的深入，警察发现了更多失踪的妓女，失踪人数开始不停地上升，而且失踪事件大都是1983年到2001年期间的。最终，警方得出了一个大胆的假设，在温哥华东区隐藏着一个连环杀手，也就是说这些失踪的妓女都是被同一个人杀害的。

作为调查小组的一员，金·罗斯莫很早便觉得这些失踪案不同寻常，认为她们可能被同一个人杀害了。当罗斯莫把这种猜想向上司报告的时候，不仅没有得到重视，反而受到了降级处分。随后，警方在公开发表声明时，也声称这些失踪的女性只是离开了温哥华而已，她们找到了新的发财之路。最后，罗斯莫只好离开调查小组。不少警察都怀疑，这些妓女可能被骗入了一个犯罪集团，并被带到了国外。有的警察还认为这些妓女都是被过路的长途汽车司机给杀掉了。

如果说连环杀人案的假设真的成立，那么警方将面对谋杀证据一大难题。让当地警方觉得最为难的是，这些失踪人口就好像人间蒸发了一样，活不见人死不见尸。如果说这些失踪的女性真的被谋杀了，那么她们的尸体在哪里？作案现场又在哪里？想要搜集这些证据，对于警方来说真的十分困难，无异于大海捞针，除非有人主动向警方报告，在哪儿发现了可疑的迹象。后来，彼克顿之所以成了犯罪嫌疑人，也不是警察在调查中发现的，而是接到了一个人的举报，这个人便是彼克顿农场的工人，他在农场发现了人的残骸后就觉得不对，所以才报了警。

特别调查小组也努力从其他方面搜集证据，例如从目击者那里，也就是最后一个见到失踪者的人或者是失踪者的朋友等。但这些人基本上都不愿意配合警察的调查工作。因为认识失踪者的人大都是从事卖淫业的，卖淫本就违法，所以在这些人的眼中，警察就是敌人，说不定哪句话说错了，就会被警察抓住把柄并关进监狱中。

虽然特别调查小组的工作进行得十分缓慢，但并不是毫无收获。警察发现失踪人口名单上的女性也不是全都消失不见了，有五名女性被找到了，有的确实已经变成了尸体，但也有人依旧好好地活着。但是其他失踪人口的下落却毫无进展。不仅如此，失踪人口还在不断地增加。

在调查的过程中，警方找到了不少嫌疑人。当警察请一些妓女控告或在法庭上指认这些嫌疑人时，这些妓女都拒绝了。没有人证，警方只好放走了嫌疑人，但嫌疑人的名字却上了警察的黑名单。如果再有妓女失踪案，这些嫌疑人自然是重点怀疑对象。

在众多的嫌疑人中，有一个名叫迈克尔·利奥波德的 36 岁男性嫌疑最大。迈克尔在 1996 年曾袭击了一名妓女，他不停地殴打这名妓女，还往妓女的嘴里塞橡皮球。一个路过的人看到此景之后，就说要报警，迈克尔一听就跑了。三天后，迈克尔主动来到警察局自首。

在审讯迈克尔的过程中，警觉的迈克尔的精神状态似乎有些不正常，因为迈克尔表示自己虽然经常幻想着绑架、强奸和杀害妓女，但从未行动过，最过火的一次就是几天前在街上殴打妓女。于是，警察就为迈克尔请来了一名精神医师，为他进行诊治。

经过一番调查后，警察排除了迈克尔的嫌疑，认为他与多起妓女失踪案没有关系。但最终，迈克尔还是被判处了 14 年的监禁，因为他不仅恶意袭击他人，而且在审讯期间表现得非常不配合，态度极其恶劣。

　　除了证据缺乏和嫌疑人众多这些令人头疼的问题之外，警察还遇到了一件令人苦恼的事，即虽然警察手中关于凶手的报告很多，但却没有详细、具体的名字和地址。例如，温哥华东区青少年活动社团就给了警方一个登记薄，上面都是一些被威胁或袭击的妓女的报告，但是袭击者的资料却很少，甚至连名字也没有，这让警察不知如何入手调查。

　　1998年年末，警察的调查开始接近真凶彼克顿。37岁的比尔·黑斯科克斯在温哥华东南面的一家废品回收厂工作。这家废品回收厂的厂主是罗伯特·彼克顿和他在科奎特兰港的兄弟大卫。这兄弟俩在科奎特兰港还有一个养猪场，比尔的工资就是从那里领的。在比尔的印象中，科奎特兰港养猪场是个肮脏不堪的地方，最让人感到惊奇的是，那里的猪不仅不怕人，见到人还会追着咬，那个养猪场还有许多狗。

　　比尔在看报纸的时候发现了有关温哥华妓女失踪的报道，那个时候他突然想起了彼克顿，并开始格外关注起彼克顿来，他的直觉告诉他，彼克顿一定有什么见不得人的秘密。比尔虽然怀疑彼克顿，但他也不得不承认彼克顿算是个不错的老板，虽然不爱与人交流，但不会虐待工人。比尔发现，彼克顿开着一辆很奇怪的车，这辆车是一辆巴士改装的，而且车窗都涂上了很深的颜色。比尔说，在彼克顿的车里还有许多女人的钱包和身份证。彼克顿也是资深的嫖客，经常到温哥华东区找妓女。

　　根据警方的调查，彼克顿兄弟还建立了一个慈善基金会，名叫小猪宫殿好时光社团。这个小猪宫殿好时光社团曾于1996年在加拿大的政府机构注册过。比尔告诉警察，小猪宫殿好时光社团的活动场地就是在养猪场，是一间改装过的房间，这里经常举行典礼、舞会、展览之类的活动。参加者大多是妓女，她们经常在这里喝酒狂欢，对于这些妓女来说，这里就是她们的娱乐场所。

　　彼克顿兄弟曾在警察那里留过案底。罗伯特·彼克顿曾因为多次交通事故而被告上法庭，而大卫·彼克顿则因为性侵罪被告上法庭，被害人告诉警方，大卫曾在养猪场里性侵她。在1997年3月，罗伯特·彼克顿受到了谋杀指控，指控他的是个名叫温迪·林·爱思特的妓女，当时她正沉浸在毒品所激发的快感中，然后就遭到了罗伯特·彼克顿的袭击，温迪成功逃脱后，就报了警。后来彼克顿交了 2000 美元保证金，才从监狱里出来。在 1998 年 1 月，这个控告便被取消了。

最后，警方派了一名警察和比尔一起到养猪场进行调查，但这次调查却没有什么收获。据说，警方一共对养猪场进行了三次搜查，但依旧没有发现什么可疑之处。之后，警方便把彼克顿兄弟列入了嫌疑人的名单中，但并未对彼克顿兄弟进行监控。与此同时，失踪者的数量又增加了。这些新添的失踪者依旧是妓女，工作性质和居住环境都比较特殊，警察同样还是无从入手。而 1998 年失踪的妓女萨拉·德弗里斯在得知一些妓女消失的消息后，便开始担心起自己的生命安全，在日记中写道："下一个被害人就是我吗？他现在是不是已经把我视为猎物并开始跟踪我，准备找一个合适的机会下手？"对于特别调查小组来说，这个案件侦破的希望显得那么渺茫，很有可能会变成一个无法侦破的悬案。但特别调查小组依旧坚持等待着凶手自己露出破绽。

2002 年 2 月，当地警方在一个下着雨的夜晚对彼克顿的养猪场进行了突袭式的搜查，理由就是他们怀疑彼克顿非法窝藏枪支。警察在彼克顿的养猪场发现了一些人的残骸，这些残骸立刻引起了警察的警觉，于是就开始仔细搜索养猪场，在附近的房车内发现了一个冰箱，冰箱里有两个白色塑料桶，里面放着两个被劈开的头颅，还有一些左右手和左右脚的残肢。当警察把养猪场的地面挖掘到数米深的地下后，发现了大量的残骸，有动物的也有人的。警方根据脱氧核糖核酸（DNA）和牙科检测结果确认了死者的身份，还在彼克顿的一把小口径手枪上也发现了被害人的 DNA 样本。

几天之后，当地警方公开了调查结果，告诉当地居民，那些失踪者均死于彼克顿之手。这突如其来的新闻让当地居民震惊不已，就在居民们还没从彼克顿这个残忍的连环杀手的阴影中走出来时，卫生部门负责人的警告立刻让人们被另一层新的阴影所笼罩，负责人告诉居民们，彼克顿养猪场的猪肉极有可能混合了人肉，也有可能是吃了人肉的猪肉，因为警察在锯木机上发现了人的残骸，人的尸体可能被制作成了猪食，然后喂给猪吃。

同样无法接受事实的还有被害人的家属，这些家属都十分激动，要求警方严惩凶手彼克顿。激动的家属们让彼克顿感到十分恐惧，他声称自己被这些家属们的控告吓坏了。在公开庭审的当天，不少人都去见证了彼克顿的审判，被害人的家属们自然也去了。但案件细节却让许多人都无法接受，因为案件不仅残忍得令人恐惧，更让人恶心。有一名被害人的家属因为听不下去而主动离开了法庭。

虽然案件已经被侦破，但公众们并没有放过警方，认为警察办案不力，毕竟在1997年和1998年时，警察也搜查过彼克顿的养猪场，那个时候为什么就没有发现被害人的残骸。而且在特别调查小组查案的过程中，彼克顿依旧在警察的眼皮子底下不停地作案。

彼克顿被捕之后，一直声称自己是清白的，那些妓女的死和他一点儿关系也没有。在庭审的时候，彼克顿的律师也说，就算在彼克顿的农场里发现了人的尸体和残骸，也不能说明凶手就是比克顿。所以警察不得不搜集更多的证据，与此同时警察还得再次仔细搜查彼克顿的农场，以确认被害人数以及被害人的身份。

几天之后，当地一个妓女心理咨询组织公开表示，在过去的20年内，一共有110名妓女被谋杀或绑架了。之后，又出现了一个更为惊人的数字，被害或失踪妓女人数已经达到了144人。

2002年4月17日，一名维多利亚的律师丹尼斯·伯尔斯登声称，他准备成立一个几百万美元的基金，专门为被害人讨回公道，给被害人家属以慰藉。其中不仅凶手彼克顿成了被控告的对象，就连当地警方也变成了被控告的对象，因为丹尼斯认为如果不是警方的疏忽职守，那么彼克顿一定能及早被缉拿归案，许多被害人就不至于丢了性命。家属们对当地警方更加不满，因为不论警察怎么调查，都无法让死者复生。有的家属甚至爆料，警方曾向他们施压，让他们在媒体面前注意说话的方式和内容。

有人甚至认为，警察的调查工作之所以进行得如此缓慢，可能在警察的潜意识里，妓女就是一种低下的存在，所以他们根本不关心妓女到底去了哪里，不少警察都觉得这些妓女失踪根本不是被谋杀了，而是到其他地方发财去了。

警方虽然在彼克顿的农场发现了不少的残骸和尸体，但远远对不上失踪的名单。于是警方就开始在新的地点搜查被害人的残骸。有的媒体甚至声称，这些失踪的妓女都被猪吃掉了。对于失踪者的家属来说，他们是矛盾的，一方面他们希望警方能继续搜查工作，但另一方面，他们又不希望警方能搜查到亲人的残骸，因为这就意味着他们的亲人已经死了，而且是被用极其残忍的方式杀害的，就连遗体也都残缺不全。

2004年9月22日，彼克顿连环杀人案件在不列颠哥伦比亚省新威斯敏斯特市一家法院开审。在此之前，关于彼克顿的作案细节一直被封存起来，媒体不得详细地加以报道，这么做是为了保证陪审团的公正性。

在开审后不久，检察官德里尔·普雷维特说他会向陪审团提供一段录像，上面记录着彼克顿与一名卧底警察的交谈。在这段录像中，彼克顿表示自己的杀人目标是50个，还差一个就实现了，但却被警察打断了。对于这个证据，彼克顿虽然表示了承认，却否认谋杀指控，但这不能影响彼克顿成为加拿大最为凶残的连环杀手。

【犯罪心理分析】

美国犯罪专家迪亚兹认为杀害了49名妓女的彼克顿明显有性功能障碍，所以才会用杀害妓女来发泄。被彼克顿杀害的妓女中，大都是被肢解了，有的甚至被剁碎混进了猪食中。这种残忍的、不同寻常的处理尸体的方式颇具侮辱性，这说明彼克顿不仅精神有问题，而且因为性功能障碍而仇恨女性。

在对彼克顿的调查中，警方并未提到他的妻子，只提到了他的兄弟大卫，这说明彼克顿很有可能是单身。彼克顿这么仇恨女性或许与家中女性过于强势也有关系，他很有可能受到过母亲的虐待。

对于一个正常人而言，性行为最起码不会建立在伤害的基础上。但有些人会出现性变态，尤其是连环杀手。比较常见的性变态有恋物癖、露阴癖等。但这种性变态对于连环杀手来说却显得有点儿小儿科了，连环杀手的性变态往往是极端的、恐怖的，他们把折磨和杀害被害人作为性行为的一部分，如果缺少了这个部分，连环杀手往往会得不到性满足。有的连环杀手同时还是个恋尸癖，会对死者的尸体产生性欲。

在彼克顿的被害人当中有一个共同的特点，即她们都是妓女。这或许是彼克顿屡屡得手的原因，妓女不仅容易被人遗忘，而且很容易下手，只要彼克顿伪装成嫖客，那么就可以获得与妓女单独相处的机会，这样下手就变得容易多了。

第十八章

航空母舰上的杀手——约翰·埃里克·阿姆斯特朗

阿姆斯特朗算是一个不那么违反社会常规的连环杀手。此种类型的连环杀手在杀害被害人之后通常不会损坏尸体，也不会留下证据。但是此种类型的连环杀手却会对被害人实施强奸或是和被害人发生性关系，通常会留下精液。

2000 年 1 月 1 日晚上 9 点，温迪准备出门，但她却再也没有回来过。在两天后，温迪的家人接到了通知，在迪尔伯恩高地的路吉河里发现了温迪的尸体。这是个工业区，周围有许多有名的汽车制造厂。

从温迪的尸体上可以看出来，温迪生前应该受到了虐待，致命伤在颈部，温迪是被人扼死的，死前应该做过剧烈的挣扎，然后尸体直接从桥上扔到了河里。警方还在温迪的体内发现了精液，温迪死前应该和人发生过性关系，但是否是凶手，还需要进一步的调查，而精液样本也被送去进行检验。这种种迹象，都让警方联想起了之前的几起谋杀案，因为凶手的作案手法很相似，所以警方想尽快抓住凶手，避免下一起凶杀案的出现。

过去一段时间内，警方总是接到妓女的报案，说有一名男子袭击妓女。温迪的妹妹宝尼·乔丹在得知姐姐被害后十分伤心，当她得知凶手总是找妓女下手时，就站出来极力否认姐姐是妓女。宝尼告诉警方，在两年前，温迪已经成功戒毒，而且保证不再干"那事"。温迪还在底特律郊区的皇家橡树林区的一家加油站工作，甚至坐到了经理的位置，所以不会在街上招揽生意了，也不会出卖自己的身体，更何况温迪已经 39 岁了。宝尼还向警方保证，虽然温迪曾经做过"那事"，但两年前她已经痛改前非，这两年内温迪都是"干净"的。

最终警方锁定了一个名叫约翰·埃里克·阿姆斯特朗的男子，这名嫌疑人已经 26 岁了，曾在美国海军服役。在约翰最终被捕后，他承认了自己的罪行，说自己曾随船周游世界，至少有 30 多名世界各地的妓女被他杀死。如果约翰真的是凶手，那么他将成为世界上杀人范围最广的连环杀手，死于他手下的被害人可能不仅仅局限于美国各州，还有泰国、新加坡、韩国、以色列和中国香港等国家和地区。但这并不能证明阿姆斯特朗就是杀害温迪的凶手，因为阿姆斯特朗就是报警人。

当警方赶到案发现场后，就问阿姆斯特朗是怎么发现尸体的，阿姆斯特朗回答说："当我走到桥边时，突然想吐，就准备往河里吐，然后就看到尸体。"说着，阿姆斯特朗的情绪变得越来越激动，急切地想证明自己的清白："我看到这具尸体就是一个意外，我不是个坏人，不然我也不会主动拨打报警电话。"阿姆斯特朗的这番话并未洗清自己的嫌疑，因为之前就有凶手玩过贼喊捉贼的把戏，似乎这么做能让凶手在警察面前找到些优越感。后来警方便指出了阿姆斯特朗的叙述和事实有出入，这时阿姆斯特朗不再争辩，而是垂下脑袋并闭上了眼睛。

在之后的调查中警方发现，阿姆斯特朗刚从美国海军退役不久，也就是说他在这个地区是个生人。在海军服役期间，阿姆斯特朗学会了为战舰加燃料的技术，在这里他也以此为生。除此之外，阿姆斯特朗还做过保安和公司职员。

警方还向阿姆斯特朗的邻居询问了他的情况，邻居告诉警方，阿姆斯特朗曾在发现温迪尸体那天早上5点离开过，但一个小时左右就回来了。这些线索基本上没什么价值。之后，警察就对阿姆斯特朗的邻居说："阿姆斯特朗依旧在我们的监视之中，如果他带着行李离开了家，一定要立刻报警。"警察这么说，就是为了向阿姆斯特朗施压，让阿姆斯特朗感到害怕，主动投案自首。

与此同时，关于温迪的尸检报告送来了，验尸员在温迪的衣服里找到了一些细小的纤维，可能是一辆汽车上的。因为没有对比物，所以警方很难通过这些纤维确定汽车的种类。

随后，警方就开始翻查电脑档案，看看阿姆斯特朗是否有过犯罪记录，结果发现阿姆斯特朗曾经在一个小镇上有欺骗过警察的记录。当时，阿姆斯特朗在工作时拨打了"911"报警电话，说自己看到有人抢劫，但在阻止时被对方攻击。当警察赶到现场后，发现阿姆斯特朗只是受了轻伤，便怀疑阿姆斯特朗是在报假警。很快，阿姆斯特朗就主动承认脸上和手臂上的伤是自己弄的，而且还制造了假的现场。

这件事虽然让阿姆斯特朗失去了保安的工作，但却得到了心理上的满足，因为他不仅成功地引起了他人的注意，而且还觉得自己居然愚弄了警察，很聪明，很有英雄气概。

警察来到阿姆斯特朗的家中，从他那里获得了血液样本和汽车纤维样本。接下来，警方需要一边等检验的结果，一边继续对阿姆斯特朗进行调查。其实之前刚刚死去的妓女莫尼卡·詹森就是被阿姆斯特朗袭击的对象，只是詹森并未留下能指控阿姆斯特朗的口供。

随着调查的深入，警方开始怀疑阿姆斯特朗从 1992 年起就开始杀人了，为了能找到 8 年前至今的失踪人口记录，当地警察决定和 FBI 合作。8 年前，阿姆斯特朗在航空母舰尼米兹号上服役，曾随着航空母舰尼米兹号环游世界，到过许多港口。警方和 FBI 便把这些港口发生的、未被侦破的谋杀案进行了比较。结果发现，阿姆斯特朗与底特律的几起凶杀案、西雅图的 3 起谋杀案、夏威夷的两起、中国香港的两起、北卡罗来纳州、泰国、新加坡和维吉尼亚各一起谋杀案都脱不了干系。此外，在日本、韩国和以色列发生的妓女被勒死案，阿姆斯特朗也有重大嫌疑。除了这些，阿姆斯特朗还可能杀害了其他妓女。

在阿姆斯特朗的邻居看来，阿姆斯特朗和连环杀手完全不沾边儿，因为阿姆斯特朗看起来是那么安静和谦逊。就在警方和 FBI 通力合作，寻找阿姆斯特朗的杀人证据时，阿姆斯特朗却坐不住了，他又有了杀人的冲动。

阿姆斯特朗成了妓女的噩梦，底特律西南部街上的妓女甚至都不敢再招揽生意了。但凯利却不以为然，继续在街上招揽生意，并且把收入都花在了毒品上。在凯利看来，什么事情都不能阻止她吸食毒品，但得有钱买毒品，所以招揽客人就是必不可少的。

凯利之前并不是妓女，也没有染上毒品。凯利和丈夫从密歇根州北部的穆斯克贡来到底特律后，就在一家汽车制造厂工作，不久之后还找到了一座不错的房子。之后，凯利便和丈夫生下了 3 个孩子。有着稳定的收入和住所，还有一个幸福美满的家庭，凯利的生活还是不错的，如果她没有遇到毒品的话。

5 年前，凯利从朋友那里品尝了毒品的滋味，并很快成了毒品心甘情愿的奴隶。在一年前，凯利离开了丈夫和孩子，成为一名妓女，全部的收入都用在了毒品上。

一天晚上，凯利穿着超短裙和紧身衣出现在了大街上，并且成功地引起了阿姆斯特朗的注意。但阿姆斯特朗却陷入了矛盾之中，因为他在纠结着到底要不要对凯利下手。阿姆斯特朗在退役后就决定在底特律定居，他想成为这里的常住居民。这样的话，他犯案就容易被警方抓住。之前，阿姆斯特朗之所以在港口犯案频频得手，就是因为作为流动人口的他只会在港口待上两三天的时间，不容易被警察注意到。很快，阿姆斯特朗便决定对凯利下手，因为他自信自己不会被警察抓住。

与此同时，凯利也注意到了阿姆斯特朗，开始打招呼："嗨，你好。想去舞会吗？"阿姆斯特朗没有说话，但他打开吉普车车门的举动让凯利主动上前和他谈价钱。凯利和阿姆斯特朗在价钱上争论了很长时间，随后凯利主动上车了。这时凯利注意了一下阿姆斯特朗的相貌，虽然阿姆斯特朗看起来很年轻，但已经有秃顶的迹象，阿姆斯特朗虽然戴着眼镜，却一点儿也不显得斯文，相反，阿姆斯特朗看起来十分壮实。

在凯利的指引下，阿姆斯特朗开车来到了一条人迹罕至的巷子里，之后阿姆斯特朗就关了引擎，然后冲着凯利嘟囔起来，凯利没有听清他说什么，就问："你说什么？"凯利没有听到阿姆斯特朗的回答，但却等来了死神。阿姆斯特朗突然伸手用力地掐住了凯利的脖子，一边加大力道，一边大声喊道："我说，我讨厌婊子！"最终，凯利窒息而死。

与此同时，FBI还在和当地警方一起分析阿姆斯特朗和连环杀手之间的相似性，但却发现阿姆斯特朗与连环杀手之间并没有什么关联。据FBI和一些专家的统计，连环杀手特别喜欢找陌生人下手，这样不仅能满足杀人的欲望，而且还能避免被警察盯上。此外，连环杀手都有一个十分显著的特征，即极端的愤世嫉俗，认为自己是天下第一，所有的人都必须按照他的意愿来。但阿姆斯特朗的邻居却说他是个谦逊的人。

尽管如此，警方还是觉得阿姆斯特朗最可疑。此时，实验室的分析结果出来了。结果显示，被害人温迪身上的纤维和阿姆斯特朗车里的纤维一样。于是警方立刻拿着初步分析结果要求底特律检察部门开具逮捕文件，可是检察部门却告诉警察，他们得用实验室做出的最后结论来换逮捕证明。

在警察等最后的分析结果时，阿姆斯特朗又盯上了一个目标——维贺曼尼亚·吉恩。吉恩上了阿姆斯特朗的黑色吉普车，但是吉恩却侥幸从阿姆斯特朗的魔掌下逃命了。吉恩对警察描述了当时的情形："当时阿姆斯特朗在路边拦下我，说让我进车帮他取下外衣上的一些东西，但当我进入车内后，阿姆斯特朗却突然掐住了我的脖子，我当时拼命地挣扎，甚至都把他的眼镜给打掉了。我觉得我的意识越来越模糊，但我在昏迷之前，成功地拿出了辣椒喷雾器，我把辣椒喷向他，趁着他遮挡眼睛的空当，我赶紧跳下了车。"有了吉恩的证词，阿姆斯特朗的嫌疑就更大了，当地警方已经开始严密地监视着他。阿姆斯特朗或许已经意识到警察盯上了他，但他还是不停地找妓女，和妓女在车上发生关系，并且殴打她们。

不久之后，当地警察就接到了报警电话，报警人是一列火车上的员工，他告诉警察他在一条铁路上发现了3具尸体。发现尸体的地点在底特律的西南部，这是块比较安全的地带，这里有家军工厂，还有美国联合铁路公司的货运铁路，这里的居民生活虽然枯燥，但也安稳。

警察立刻赶到了尸体的发现地，这3具尸体已经有不同程度的腐烂。最终警方确定了这3名被害人的身份，其中一个便是不久前被害的凯利。根据尸体的现状，警察推断出这3名被害人的遇害时间不同。而且这里也不是案发现场，尸体是被凶手运送并丢弃在此地的。之后，警方又在附近发现了另一具尸体，但警察判定这起谋杀案与嫌疑人阿姆斯特朗无关。

有了这些证据，底特律警察局局长本尼·拿破仑立刻公开发表声明："在我们周围潜伏着一名连环杀手，他一个人在3个不同的场合杀害了3个人，然后又把被害人的尸体丢弃在同一个地点。我们一定会认真处理这起严重的连环杀人案。"

很快，一支侦查队伍便成立了，这支侦查队伍由底特律警察性犯罪部门、暴力犯罪特别行动小组、FBI、密歇根州警察部门、美国联合铁路公司保安部门和韦恩县法医部门多方面力量共同组成。

底特律警察把这3起谋杀案和另外3起谋杀案联系在一起，认为这可能是同一人所为，还找到了从凶手手下生还的被害人，并从她们那里获得了有价值的口供和证据。最终，警方确定了凶手经常出没的地方，便派出警力在那些地方进行巡逻和监视。由于密歇根大街是妓女经常出现的地方，所以这里成了重点监控对象。

FBI对凶手的犯罪心理分析也出来了，他们认为凶手应该很喜欢在同一个地点寻找目标。2000年4月12日，阿姆斯特朗开着那辆黑色吉普车出现在了密歇根大街，随后警察就逮捕了他，并把他带回去进行审问。

这一次，阿姆斯特朗没有否认杀人的事实。实际上，阿姆斯特朗也无从否认，因为警方手中掌握着大量的证据。随着审问的深入，阿姆斯特朗的情绪变得越来越激动，他的精神状态似乎已经到了崩溃的边缘，开始伤心地哭泣，并且自责道："我只要和妓女发生性关系，就会有杀人的冲动，然后有些妓女就真的被我杀死了。"

阿姆斯特朗不仅承认了最近的几起谋杀案，还告诉警方他在华盛顿州、中国香港、泰国、夏威夷和中东都杀过人，而且被害人都是妓女。对于这些陈年旧案，阿姆斯特朗记得很清楚，交代了不少作案细节和杀人手法。在被捕后的几天内，阿姆斯特朗一共承认了至少30起谋杀案。

在审讯警察的心目中，阿姆斯特朗算是个比较特别的连环杀手。阿姆斯特朗很难控制自己的情绪，有时候变得很冷静，有时又很激动，有时却陷入了悲伤中。这种变幻莫测的情绪状态，开始让警察怀疑他的精神是否正常。但阿姆斯特朗还算配合，只要警察能撬开阿姆斯特朗的嘴巴，那么阿姆斯特朗就会变得滔滔不绝起来，会把自己的罪行交代得一清二楚。

接下来等待阿姆斯特朗的将是法庭审判。在此期间，阿姆斯特朗则被关在了精神病观测室里。在审判中，陪审团认为阿姆斯特朗的精神状态可以接受审判，根本没有精神错乱。阿姆斯特朗在法庭上的表现也不错，没有情绪激动，安静地接受了审判，而且还表现出内疚和懊悔，对着媒体向被害人道歉。最终，阿姆斯特朗的谋杀罪名成立，被判犯有一级谋杀罪。阿姆斯特朗被判处终身监禁，并且永远不准保释，彻底失去了自由。

阿姆斯特朗的被捕虽然避免了更多人的被害，但是对于那些被害人来说却是无可挽回了。对于被害人的家属来说，阿姆斯特朗罪有应得也算不上什么安慰，虽然被害人都是妓女，有人还是瘾君子，但对她们的家人来说，还是希望她们能活着，即使这是一种屈辱的活法。

虽然阿姆斯特朗已经被关进了监狱，但FBI的工作还远没有结束，他们需要调查清楚阿姆斯特朗在世界各地所犯下的杀人罪行到底是否属实。世界各地的港口城市也开始重新审查一些未侦破的谋杀案，看看凶手是否就是阿姆斯特朗。

对于当地警察局来说，阿姆斯特朗的被捕让警察局立刻变得人满为患起来，因为FBI、美国海军犯罪调查部门和华盛顿州派来的警察都参与了调查。

阿姆斯特朗连环杀人案件一经媒体公布，立刻引起了世界各地的关注。因为阿姆斯特朗曾在美国海军航空母舰尼米兹号上服役，而尼米兹号在世界范围也很有名，是世界上最大型的船只，而且拥有强大的作战能力。和其他连环杀手比起来，阿姆斯特朗的作案手段算不上残忍，杀人的数量也不是最多，但阿姆斯特朗却借了尼米兹号的光，成了最厉害的"环游世界连环杀人犯"，尽管这些案件还在 FBI 的调查中，但人们都已经确信阿姆斯特朗的杀人范围遍及世界各地。

【犯罪心理分析】

阿姆斯特朗的连环杀人案件曝光后，人们对阿姆斯特朗的杀人动机十分感兴趣，便开始调查和研究阿姆斯特朗的生平，看看他是否有精神分裂症的症状。阿姆斯特朗的一名同学说："阿姆斯特朗是个很聪明的人，我很意外他居然会杀这么多的人。"另一个和阿姆斯特朗比较熟悉的人则说："阿姆斯特朗虽然很安静，但他总是努力和周围人相处。"

调查者还采访了阿姆斯特朗服役时的战友们，战友们对阿姆斯特朗的评价很高："阿姆斯特朗很安静，是妈妈心目中的好孩子，也是一个值得结交的朋友。"阿姆斯特朗的长官也认为阿姆斯特朗和连环杀手的形象相去甚远，因为在服役期间，阿姆斯特朗一点儿污点记录也没有。

根据这些人的描述，可以得知阿姆斯特朗算是一个不那么违反社会常规的连环杀手。此种类型的连环杀手在杀害被害人之后通常不会损坏尸体，也不会留下证据。但是此种类型的连环杀手却会对被害人实施强奸或是和被害人发生性关系，通常会留下精液。在温迪案件中，警察就在温迪的体内发现了精液。阿姆斯特朗案件所有的被害人都是妓女，在犯罪心理专家看来，妓女很容易成为性变态者和杀手的目标。

此种类型的连环杀手通常都渴望得到别人的赞美，不希望别人怀疑自己的能力，所以有时候会故意让警察发现一些线索，或者直接和警察玩"猫捉老鼠"的游戏。在温迪被害案件中，阿姆斯特朗就主动报案，这么做的目的有贼喊抓贼的意味，但更多的是为了引起警察的注意。当谋杀案闹得满城风雨时，就会出现人心不稳的现象，这是连环杀手最愿意看见的，这样可以使连环杀手那变态而又自大的心理得到满足。

第十九章

约克郡开膛手——皮特·威廉·撒特克里夫

凶手有着正常的家庭和生活，这个特点对连环杀手来说简直就是一种保护，可以躲避警察的怀疑。连环杀手在杀人时会显得十分疯狂，好像失去了控制一般。但是在没有杀人的时候，连环杀手却可以恢复正常的生活，重新拥有控制力。有些连环杀手为了躲避警察的调查，甚至会主动熟悉警察的办案流程，或者学习一些反侦查技巧，这会给警方的破案带来不小的难度。

20世纪70年代，一个连环杀手开始在英国约克郡和西北部寻找妓女作为猎物，一共造成13人死亡，7人重伤。被害人大都是街头妓女，也有被凶手误杀的社会底层的贫穷女性。被害人的尸体都受到了严重的破坏，这让人们想起了早先逍遥法外的妓女杀手——"开膛手杰克"，所以便把这个新的连环杀手命名为"约克郡开膛手"。开膛手杰克是维多利亚时代的连环杀手，残忍地杀害妓女后，还会进行分尸。在当时，开膛手杰克就引起了英国伦敦地区的恐慌。而约克郡开膛手则被人们认为是开膛手杰克的转世，同样带来了恐慌。

第一个被害人是名妓女，她的致命伤在头部，被凶手用锤子重击了数次，然后凶手又用十字头螺丝刀朝着被害人捅了数十下。起初，警察以为这只是一起普通的谋杀案，直到第二名被害人死亡后，而且作案手法和之前的凶手很相似，警察才意识到这很有可能是一起连环杀人案。很快，又有妓女遭到了袭击，但却成功逃脱了。约克郡开膛手起初只以妓女为目标，但有时也会有良家妇女被杀害，例如珍妮·麦克唐纳德和约瑟芬·怀塔克就因为穿着过于暴露而被约克郡开膛手误认为是妓女。

约克郡开膛手的出现成了当地女性的噩梦，女人们到了晚上再也不敢出门了，有的女人甚至选择了搬家，离开这个恐怖的地方。随着被害人数的增多，再加上媒体对约克郡开膛手的大肆渲染和报道，让当地警方的压力越来越大，夜以继日地进行调查，希望能尽快给民众一个交代。但由于凶手总是更换作案地点，这给警方的破案带来了不小的麻烦。就在这个时候，警方收到了凶手的信件和录音带。

在录音带中，凶手狠狠地嘲笑了这起案件的主要负责人一番，而且还说警察都是无能之辈。这盘录音带成功地转移了警察的注意力，警察开始根据录音带中的口音寻找凶手，但依旧一无所获。后来警察便认为这盘录音带很可能就是一个恶作剧，是一个人为了表达对警察无法捉拿凶手的不满。

FBI特工也对约克郡开膛手的案件十分有兴趣，并且希望英国警方能提供一些案发现场的照片。英国警方不仅把案发现场的照片都交给了FBI特工，而且还把凶手的录音也交给了FBI。经过一番分析后，FBI特工得出了一个结论，这盘录音不是约克郡开膛手录的。

FBI特工还对英国警方说，约克郡开膛手是个十分孤独寂寞的人，不会主动和警方联系。而且约克郡开膛手选择对女性下手，完全是为了报复，他应该有很严重的精神问题。此外FBI特工还对约克郡开膛手的职业进行了预测，认为凶手很有可能是出租车或卡车司机，或者是一名邮递员，因为这种工作可以为杀人提供便利。

1981年1月，当约克郡开膛手将要对一名妓女下手时，警察突然出现了。在之后的审讯中，皮特·威廉·撒特克里夫承认自己就是约克郡开膛手，还告诉警察，他每次杀完人后都会将一张限量发行的五元纸币塞到被害人的手中。撒特克里夫还告诉警方，自己曾一再交代家中的姐妹晚上不要出门，如果真的要出门，一定不能单独一人。这或许是撒特克里夫的玩笑话，但也可能说明撒特克里夫在杀人时根本就是另外一个人，也就是说他在杀完人后，完全意识不到这是自己所为。当然，撒特克里夫这么做是因为不希望自家姐妹受到伤害。

交代了罪行之后，撒特克里夫认为自己一定会被判处死刑，就向警察提出要为自己写墓志铭的要求，撒特克里夫告诉警察他的墓志铭一定要这样写："这里躺着一个天才，如果他那激情澎湃的能量能够得到全部的释放，天地也会为之颤抖，所以最好还是让他永眠地下吧！"撒特克里夫这种妄想和偏执的表现，更让警察觉得他的精神不正常。最后撒特克里夫被判处30年监禁，但撒特克里夫在监狱里总被其他犯人欺辱，最终撒特克里夫只好被送到了精神病院里。

那么，撒特克里夫为什么要专门对女性下手呢？犯罪心理专家认为，撒特克里夫是借此表达对妻子索尼娅·祖玛的不满，祖玛也是个精神病患者。在撒特克里夫带着祖玛见家人时，发生了许多不愉快，因为祖玛的表现异于常人，不仅不主动和撒特克里夫的家人交流，而且只是坐在那里咬手指，尽管这是一个人在紧张状态下自我安慰的动作，但却引起了撒特克里夫父亲的不满，撒特克里夫的父亲甚至觉得像祖玛这样的人怎么能成为老师。除此之外，撒特克里夫的姐姐和哥哥也很不待见祖玛。

在周围人的心目中，撒特克里夫是个温和的丈夫，而且很喜欢和孩子相处。但他的妻子祖玛却是个每天都绷着脸的傲慢的女人，甚至会不分场合地责备和埋怨撒特克里夫，例如有客人在场时。自从撒特克里夫和祖玛结婚后，就变得一点儿自由也没有了，即使有朋友邀请撒特克里夫去酒吧喝酒，也会遭到祖玛的抱怨和责备。最让撒特克里夫无法忍受的便是祖玛的洁癖和她糟糕的厨艺。

祖玛不仅不是个合格的妻子，同时还患有间歇性精神病。有一次，祖玛在夜里穿着睡衣在街上游荡，被人发现后便被送进了贝克斯利医院，后来被转移到布拉德福德市的莱恩菲尔德山精神病医院。在祖玛出院后，撒特克里夫的噩梦才刚刚开始。祖玛不仅精神状态很糟糕，而且还总是犯病。

虽然祖玛这个糟糕的妻子让撒特克里夫憎恨女性，但也成了他的帮凶，让他成功地逃脱了警察的调查。当警察怀疑上撒特克里夫时，撒特克里夫就会搬出自己的妻子祖玛，说自己有一个正常的家庭，而且还让妻子为他做不在场的证明。至于祖玛到底是撒特克里夫真正的帮凶，还是仅仅受到了撒特克里夫的欺骗，无意中成了他的帮凶，这还需要进一步调查。不过有犯罪心理专家因此怀疑撒特克里夫到底是否有精神病。

撒特克里夫被送到布洛德摩尔精神病医院后就再也没有出来过，一直到死他都在这家医院。但撒特克里夫的被捕并不代表着约克郡开膛手的案件彻底结束了，除了警察，许多人都开始探讨有关约克郡开膛手的真实身份的问题。撒特克里夫被捕后曾对家人说，那些杀人案并非都是他一人所为。也就是说，约克郡开膛手不止一人。最让人们怀疑的是，虽然撒特克里夫被捕了，但类似的杀人案依旧在上演，一些女性的尸体依旧暴露在偏街陋巷之中。

在撒特克里夫正式承认自己约克郡开膛手的身份之前，警方就已经怀疑到了他的头上，并且询问过撒特克里夫好多次。虽然不少谋杀案都是撒特克里夫所为，但他究竟是否是约克郡开膛手，一直存在着争议。如果说，撒特克里夫杀人与娶了一个糟糕的妻子有关的话，那么他应该在婚后杀人，但约克郡开膛手的案件从他结婚前就已经开始出现。

警方把撒特克里夫的血型和从被害人尸体上提取的精液进行了对比，结果发现根本不符合。约克郡开膛手的血型应该是 B 型，而撒特克里夫则是 O 型。此外，警方还在被害人的身上发现了凶手的齿痕，在撒特克里夫被捕之后，警方将两者的齿痕进行了对比，结果发现差异十分明显，被害人的死显然与撒特克里夫无关。

主要负责约克郡开膛手案件的警察也表示，虽然撒特克里夫被捕了，但还存在另外一种非常大的可能性，即约克郡开膛手很可能不仅是撒特克里夫，还有其他人，这个人依旧逍遥法外。《周日时代》在 1980 年发表了一篇和约克郡开膛手有关的文章，在文章中也同样表示，约克郡开膛手不是一个人，而是两个人。

在撒特克里夫接受审判时，裁判庭采取了尽早结案的方式，让约克郡开膛手连环杀人案的结案显得十分草率。在整个审判过程中，只有撒特克里夫个人的罪行供述，没有相应的物证，也就是说这个审判结果所依据的证据并不确凿，甚至完全忽视了辩方为撒特克里夫进行辩护的意见。虽然一些侥幸从约克郡开膛手屠刀下生还的被害人也出庭了，但被害人所提供的证词在很大程度上依赖法庭上检控方的协助。总之，英国当局对撒特克里夫的审判存在许多漏洞。这些漏洞不能不让人怀疑，撒特克里夫虽然承认了自己就是约克郡开膛手，但并不是所有被害人的死都与他相关。虽然有关撒特克里夫的审判有些草率，但还算公正，毕竟至少有四起谋杀案是撒特克里夫所为。

现如今，越来越多的犯罪心理专家开始从行为证据学的角度来分析约克郡开膛手案件，进而做出相应的犯罪嫌疑人剖析，结论就是约克郡开膛手连环杀人案件不止撒特克里夫一个凶手。

当初英国当局之所以选择匆匆结案，完全是迫于压力。约克郡开膛手案件已经持续了十多年，但警方依旧没有把凶手抓捕归案，这让警方在公众心目中的公信力大大降低。约克郡开膛手的存在，就是一个随时可以夺走人性命的幽灵，尤其对于女性来说，如果不尽快抓捕凶手，那么公众的恐慌情绪就会变得越来越严重，甚至会到一发不可收拾的地步。除此之外，媒体的关注也是一种无形的压力，英国司法机构已经无法承受这种压力了，所以只能给撒特克里夫戴上约克郡开膛手的帽子，再说那些谋杀案中有一部分确实是撒特克里夫所为。

英国当局逃避压力的作为并未让人们放弃寻找真正的约克郡开膛手或是另一个约克郡开膛手。而比利·特雷西成了最大的嫌疑人，这是根据一个名叫尼奥·奥加拉的人提供的线索分析得出的结论。

奥加拉是爱尔兰人，在1944年出生，成为会计师后不久就在伦敦开办了一家会计公司，成了一名成功的商人。后来奥加拉遇见了一个名叫比利·特雷西的人，特雷西因为精通古董家具方面的知识，奥加拉便让特雷西到自己的公司工作。

在奥加拉的心目中，虽然特雷西没受过什么教育，但却是个不错的员工，工作能力很强。在奥加拉看来，特雷西还是个十分风趣的人，生活经验非常丰富。特雷西有一个完美的家庭，还有自己的爱犬。渐渐地，奥加拉开始信任特雷西，并把一些生意交给特雷西处理。

奥加拉对特雷西的好感随着逐渐深入的了解而消失，因为他发现特雷西的私生活十分混乱，不仅吸毒、酗酒，还经常嫖妓，总是对妓女拳打脚踢。特雷西仿佛也开始信任奥加拉，不仅告诉奥加拉自己少年时期曾经进过监狱，对警察十分痛恨，还让奥加拉知道了自己的一些隐私，例如如何对妓女施暴，如何与神职人员发生性关系以及敲诈过一名警察，等等。但让特雷西没想到的是，奥加拉居然把这些话都录了下来。

特雷西这样一个有过犯罪前科的人让奥加拉觉得有些恐惧，而且奥加拉还发现特雷西好像想控制自己和自己的家庭。为此，奥加拉开始渐渐远离特雷西。但特雷西毕竟是他工作上的伙伴，虽然在私生活上与特雷西划清了界限，但在做生意的时候，奥加拉还是选择相信特雷西这样一个外表看起来憨厚的人。后来，奥加拉想在英国开一家古董家具店，他觉得既然特雷西十分精通古董家具，于是就把自己的想法告诉了特雷西，并给了特雷西一笔钱，让特雷西打理古董家具店的生意。但让奥加拉伤心的是，特雷西辜负了他的信任，把钱卷跑了。从此之后，奥加拉就开始关注约克郡开膛手的连环杀人案，并在1979年时开始调查，还专门建立了相应的专题网站。奥加拉一直觉得特雷西就是另一个约克郡开膛手。

奥加拉在对约克郡开膛手连环杀人案进行调查的时候，十分看重犯罪心理画像专家针对凶手做出的犯罪嫌疑人画像。其中一名专家认为，约克郡开膛手是个将妓女锁定为猎物的凶手，而且是个狡猾和邪恶的人，十分仇恨警察，虽然精神上可能患有疾病，但却有着正常的家庭和生活，而且喜欢狗。这当然只是其中一种画像，但奥加拉却认定了特雷西，因为这份犯罪嫌疑人画像简直就是为特雷西量身定做的。

在这个心理画像中，有一个特点值得注意，即凶手有着正常的家庭和生活，这个特点对连环杀手来说简直就是一种保护，可以躲避警察的怀疑。连环杀手在杀人时会显得十分疯狂，好像失去了控制一般。但是在没有杀人的时候，连环杀手却可以恢复正常的生活，重新拥有控制力。有些连环杀手为了躲避警察的调查，甚至会主动熟悉警察的办案流程，或者学习一些反侦查技巧，这会给警方的破案带来不小的难度。

奥加拉为了证明特雷西就是约克郡开膛手，搜集了大量的材料进行分析。但是奥加拉所搜集的证据却非常有限。而且警察认为，奥加拉的怀疑有点儿公报私仇的嫌疑，毕竟特雷西不仅卷走了他的钱，还辜负了他的信任。不过奥加拉的一些资料还是可以借鉴的，而且大部分人也比较相信奥加拉的分析，认为特雷西就是另外一名约克郡开膛手。

奥加拉发现，有几起谋杀案与撒特克里夫完全无关，因为撒特克里夫有不在场的证明。而且在撒特克里夫被捕之后，谋杀案依旧在发生。这些与撒特克里夫无关的谋杀案却与特雷西有关，因为特雷西在此期间不是外出就是出差，总之没有不在场的证明。奥加拉的怀疑是有根据的，因为自从 1979 年以后，特雷西就消失了，好像人间蒸发了一样。如果说特雷西真的是约克郡开膛手，那么他就和开膛手杰克一样，逃过了警方的追捕。

【犯罪心理分析】

撒特克里夫出生于英国一个普通家庭，他从小就很内向和害羞，对母亲非常依赖，总喜欢躲在母亲的身后，对于男孩子所喜欢的游戏，撒特克里夫都觉得太粗鲁了。撒特克里夫的父亲觉得男孩子就得像个男孩子的样子，得和其他男孩子一起玩耍，只有这样长大后才能成为一个真正的男子汉。

撒特克里夫的性格并未改变，长大后的他依旧内向。由于学习成绩比较差，撒特克里夫在毕业后便找到了一份在停尸间的工作，但由于经常迟到而被辞退。这段工作经历给撒特克里夫带来了深远的影响，也是促成他杀人的原因之一。自那以后，撒特克里夫便开始对尸体和分割尸体有了兴趣，并且还养成了奸尸的癖好。

在一次偶然的机会下，撒特克里夫得知母亲有了外遇，这是一个让撒特克里夫三观崩溃的事实，他从小所依赖的精神支柱就此崩塌了。有了母亲的参照，撒特克里夫开始不相信所有的女性，认为女人是不可靠的，会让世界变得污浊。

在撒特克里夫结婚后，精神不正常的妻子再一次把他推向了杀人的边缘。祖玛在和撒特克里夫结婚之前就患有精神病，撒特克里夫每天都要忍受精神不正常的妻子，让自己变得极度压抑和焦躁起来。撒特克里夫一直想要个孩子，他本人也很喜欢孩子，但妻子祖玛却觉得孩子会让他们的生活水平下降，会让他们变得贫穷，所以根本不同意生孩子。祖玛为了避免怀孕，在与撒特克里夫进行性行为时显得十分小心谨慎，总是推脱和敷衍了事。撒特克里夫的婚姻生活可以说很糟糕，不仅在精神上无法与妻子达成共鸣，就连基本的生理需求，妻子也无法满足他，而且撒特克里夫与妻子之间连孩子这根纽带也没有。

对于撒特克里夫的婚姻生活和他杀人之间的关系，一位侦探在接受媒体的采访时是这样说的："我觉得，在撒特克里夫每次杀人或袭击被害人时，实际上已经在脑海中杀死了妻子许多次。"

在撒特克里夫被捕之后，他很快就承认了自己是约克郡开膛手。这样轻松地承认自己的罪行，让当时的警察都十分吃惊，他们一直以为就算抓到了真正的凶手，在审问时能撬开凶手的嘴巴应该是件很困难的事情，不然约克郡开膛手也不会逍遥法外十余年。有专家认为，撒特克里夫是故意让警察抓住自己，他想要进入监狱。虽然监狱会限制人身自由，但对于撒特克里夫来说，这样能摆脱妻子祖玛，相对于和祖玛一起生活，监狱的生活显得更自在一些，他会生活得更加快乐。

撒特克里夫杀害第一名妓女可以说纯属一个意外，当时他正在布拉德福德臭名昭著的红灯区曼宁翰姆路找妓女发泄，但却被妓女偷窃了财物，撒特克里夫为此十分生气，于是便杀害了一名妓女，从此之后就变得一发不可收拾。后来，撒特克里夫给自己的杀人行为找了一个高尚的理由，觉得自己这样做是在替天行道，是按照上帝的旨意消灭妓女。

第二十章

潜伏在小镇中的杀手——苏佛克锁喉手

连环杀手之所以选择妓女，是因为妓女是这个社会的边缘群体，不被人重视。其实除了妓女之外，一些社会底层的穷人和流浪汉也很容易成为连环杀手的目标。这些人即使消失了，也不会引起人们的注意，因为没有人关心他们是否还活着。

在英国伦敦的东北部有一个小镇——伊普斯威奇，这是座十分安静的小镇，人口只有12万，妓女的数量也不多，只有几十个，而且都是当地人。这些女子之所以沦为妓女，是因为染上了毒品，卖身就是为了吸食毒品。如果不是连环杀人案在这里发生，或许人们永远也不会关注这个小镇。2006年12月，在这个地区居然发现了5名妓女的尸体，被害人不仅全身裸露，而且都被丢弃在荒郊野外。

被害人盖玛·亚当丝和塔妮·雅妮可是在一条小溪里发现的，尸体被浸泡在水中，而且两具尸体相隔了几公里。由于尸体被浸泡在水中的时间较长，所以尸检人员无法确定死者的致命伤，也不能确定死者是否被性侵，但可以确定的是死者的尸体上并无明显外伤，生前和死后都没有被凶手折磨。

几天之后，当地警方又接到了一个报警电话，打电话的是位妇女。这位妇女在苏佛克路附近的小树林遛狗的时候，发现了一具女尸，同样全身裸露。在警方赶到后，尸检人员立刻对尸体进行了检验，结果发现被害人是被凶手扼住脖子窒息而死的，凶手也因此有了个"苏佛克锁喉手"的称号。这起连环杀人案让当地的警方立刻变得忙碌起来，几天之后警方又接到了报案。

这一次，尸体同样全身裸露，而且被丢弃在一条偏僻的道路上。警方在出动直升机进行侦查后又发现了一具女尸，就在几百米外。这两名被害人的身份很快就确定了，是29岁的安妮塔·妮可丝和24岁的宝拉·克莲娜。这两个被害人有一个共同的特点，即都是有毒瘾的妓女。前三个被害人也一样，都是吸毒的妓女。

这5名被害人都死于窒息，不是被闷死，就是被勒死的。而且被害人很有可能在死亡之前就已经没有了知觉，因为法医在被害人的体内发现了大量的毒品。虽然这些妓女都有吸毒的习惯，但她们应该有一定的常识，即大量的毒品很可能会导致人的死亡。所以可以确定，这些毒品并不是被害人主动吸入，而是凶手强迫她们服用，或者是凶手在被害人的食物和饮料中放入了大量的毒品，让被害人在不知情的情况下服用过量的毒品。

被害人虽然被剥光了衣服丢弃在野外，但身上还佩戴着首饰，这说明凶手杀人的目的和谋财毫无关系。而且警方认为，凶手这样的弃尸方式，不仅是在嘲笑警方，更是在侮辱妓女，向世人表示，妓女就是一个该消失的群体，她们是一群用肉体换取金钱的败类，而凶手杀死妓女，不过是在替天行道，在消除败类罢了。

这五起凶杀案的作案手法很相似，警方觉得这很可能是同一人所为，连环杀手又出现了，而且在短时间内取走了 5 名女性的生命。最让人们震惊的是凶手的作案地点，如此接近的作案地点，说明凶手是个非常自信且胆大的人，因为这样很容易被抓住。一些连环杀手在选择目标的时候，通常都会尽量扩大范围，这样更容易躲开警察的调查。

苏佛克锁喉手案件在英国引起了不小的震动，英国首相布莱尔专门下令全力追捕凶手，相关部门都投入这起案件的调查中。《世界新闻周报》甚至给出了 25 万英镑的高额悬赏，期望能获得和凶手有关的线索。

除了英国之外，世界各地都相继出现了多起妓女连环杀人案。例如美国在近年就发生了妓女连环杀人案，4 名被害人的尸体在一条水沟里被发现。这起案件由于线索有限，就变成了一件无法侦破的悬案。虽然死者都是妓女，但依旧给当地居民带来了不小的恐慌。还有一名妓女连环杀手在德国被捕，他的杀人范围遍及欧洲，开着一辆卡车在欧洲打着旅行的旗号，实际上是在杀人。连环杀手之所以选择妓女，是因为妓女是这个社会的边缘群体，不被人重视。其实除了妓女之外，一些社会底层的穷人和流浪汉也很容易成为连环杀手的目标。这些人即使消失了，也不会引起人们的注意，因为没有人关心他们是否还活着。但随着妓女连环杀人案的频繁出现，这些案件渐渐被大众所关注，媒体也开始铺天盖地播报类似的新闻。在以前，美国是个连环杀手的重灾区，只要提到连环杀手，人们往往就会想到美国。但后来，连环杀手开始频繁地出现在欧洲。

此外，妓女的生活方式也很容易让凶手得手。对于一名普通女性来说，当一名陌生男子邀请她去某个地方或上陌生男子的车时，都会立刻变得警惕起来。但妓女则不同，只要给钱就可以，这样凶手就可以把妓女带到偏僻的地方。在苏佛克锁喉手案件中，最后一名被害人宝拉·克莲娜在失踪之前，曾接受过采访。她表示，虽然自己也很害怕苏佛克锁喉手，但依旧会去街上拉客，因为她需要钱。尽管有些妓女会随身携带一些防身工具，但都是刀子和辣椒水，这些东西在关键时刻往往很难派上用场。

在抓捕凶手之前，英国当局为了避免其他妓女惨遭毒手，就让社会福利团体对当地妓女进行资助，这样当地妓女不用上街拉客就可以获得食物交换券和替代毒品、用来戒毒的美沙酮，甚至还为妓女支付手机话费和申请房屋津贴。

随着调查的深入，警方怀疑到了一个名叫汤姆·史蒂芬的人身上。史蒂芬是一名超市员工，已经37岁了。史蒂芬在一年前和妻子离婚，从那以后就成了一个资深的嫖客，至少和50名妓女发生过性关系，而那5名被害人都曾为史蒂芬提供过性服务。虽然史蒂芬无法提供确切的不在场证明，但他一直坚称自己根本不是苏佛克锁喉手。不过史蒂芬也承认，自己一定会被警察盯上，因为警方对犯罪嫌疑人的描述和自己十分相似。

很快，警方又找到了一名犯罪嫌疑人，一个48岁的男性码头铲车司机，他的名字叫史蒂芬·赖特。赖特也是妓女们的熟客，和史蒂芬不同，赖特有异装癖。赖特在召妓时，有时会换上女装，穿上高跟鞋和紧身裙，当然假发也是必不可少的。当地妓女对有异装癖的赖特印象十分深刻，因为赖特扮成女性的样子非常吓人。赖特还曾开过一家酒吧，很受嫖客和妓女们的喜爱。在经过一番审讯后，警方更加认定赖特就是苏佛克锁喉手。

虽然苏佛克锁喉手的重要嫌疑人已经被抓捕归案，但关于苏佛克锁喉手连环杀人案件的真相却依旧是个谜，有许多案件细节仍然在进一步的调查之中。

【犯罪心理分析】

尽管有关苏佛克锁喉手的案件依旧在调查中，但许多犯罪心理专家已经开始分析凶手，想要弄清楚凶手的杀人动机。犯罪心理专家认为凶手应该是个单身的男性，找妓女完全是为了满足性欲，但因为有性功能障碍，所以便杀死了妓女。

在 5 名被害人中，虽然她们的衣服都被剥光了，但未在尸体上发现伤痕，尸体也没有出现被肢解的现象。这可以说明凶手在杀死被害人时，只是为了和被害人相处更长的时间，让被害人留在自己身边陪伴自己，基本上没有愤怒和报复的情绪，不然被害人的尸体会被肢解得不堪入目。这或许也是凶手和女性交往的唯一方式。大多数连环杀手都是孤独寂寞的，有可能是个流浪汉，在人际交往中屡屡碰壁，甚至无法处理好两性关系。

此外，犯罪心理专家还认为苏佛克锁喉手应该是个有组织的杀手，在杀人之前应该做过详细的计划，甚至都已经选好了被害人。凶手应该是当地人，至少对当地的道路和河渠很熟悉，所以才选择这些地方来抛尸。凶手的智商应该不低，最起码懂得一些反侦查的技巧，凶手所选择的抛尸地点通常都是水里，因为人的尸体在水中泡上两天之后，尸体上的生物证据就会消失，例如凶手的指纹或是精液。这样当警察发现尸体时，在寻找现场证据时就会一无所获。但也有另外一种可能，在宗教仪式中，水具有清洗罪恶的象征意义，凶手把被害人的尸体抛弃在水中，可能是在清洗自己的罪恶，也可能是在清洗妓女身上的罪恶。

最后一名被害人在被害之前就已经听到了苏佛克锁喉手的大名，虽然被害人依旧选择上街拉客，但被害人在选择客人时应该会小心谨慎，不会轻易跟陌生客人走，所以凶手应该是被害人的熟客，毕竟熟悉会产生信任。

第二十一章
享受尸体的陪伴——丹尼斯·安德鲁·尼尔森

　　和所有的连环杀手一样，第一次杀人的体验对尼尔森来说是困难的，他甚至都觉得惊讶，自己居然会干起杀人毁尸的事情。不过很快，尼尔森就会发现他在杀人上变得越来越顺手和轻松，他会杀越来越多的人，直到自己死亡或被捕，而且杀人的间隔时间也会越来越短暂，杀人的冲动会越来越强烈。

1978年年底，33岁的丹尼斯·安德鲁·尼尔森在一家酒吧认识了一个年轻的男子，随后那名年轻的男子便接受了尼尔森的邀请，跟着他到伦敦梅尔罗斯林荫道195号，在那里他们继续喝酒，直到两个人都睡着了。尼尔森先醒来了，他突然觉得很伤心，因为这个刚认识的新朋友就要离开了。尼尔森先是拍了拍那名男子，但男子并未有醒来的迹象，尼尔森就想到了一个把年轻男子留下来的办法，这个想法让他变得很紧张也很兴奋，心跳加速而且浑身都是汗。然后，尼尔森就从一堆衣服中找到了一根领带。

拿着领带的尼尔森爬到男子的身上，然后用领带勒住男子的脖子，就在尼尔森加大力道时，男子突然醒了，开始剧烈地挣扎起来。由于对方也是男人，尼尔森费了不少劲才让对方昏迷过去。当男子失去意识后，尼尔森只休息了一会儿，便拿起一个塑料桶跑到了厨房，他往塑料桶里装满了水，想淹死那名男子。尼尔森把男子放在了一个凳子上，然后把男子的头按到了水里，昏迷中的男子并没有抵抗，但尼尔森可以看到水中冒出的泡泡，那是男子在呼吸。几分钟之后，水中的泡泡消失了。

确定男子已经死亡后，尼尔森十分激动，就冲了一杯咖啡，还抽了几支烟，他得想想怎么处理尸体。这时，尼尔森的宠物狗从花园跑到了屋子中，它立刻注意到了那具尸体，就开始舔凳子上的尸体，尼尔森看到后就把狗赶走了。

之后尼尔森才开始正式打量着眼前的尸体，他很快就决定把尸体扛到浴室中。尼尔森把尸体放进了浴缸中，然后放水。尼尔森开始清洗尸体，甚至把尸体的头发都洗得十分干净。清洗完毕后，尼尔森就把尸体扛到了自己的卧室，然后把尸体放到床上，此时尼尔森突然感叹起来，觉得新朋友将永远陪在自己身边了。

由于死者刚死不久，尸体还没有出现腐败的现象，所以尼尔森便忍不住开始抚摸起尸体来。但当尼尔森注意到尸体的嘴唇已经变色后，就开始思考怎么处理尸体。尼尔森从心底里不希望把尸体扔掉，因为他不觉得尸体有多恐怖，相反他甚至觉得尸体很漂亮。至于杀人动机，尼尔森没想那么多，他只是纯粹地想留下一个人陪自己而已，毕竟他已经孤独地度过好几个圣诞节了。

虽然尼尔森买来了电动刀和一个大锅，但他却不舍得处理尸体，便给尸体洗了个澡，还给尸体换上了一条新内裤。在把尸体放到床上时，尼尔森突然有了一种性冲动，他想和尸体发生性关系，但在这个过程中尼尔森却并未体会到性快感。渐渐地，尼尔森累了，就把尸体弄到地板上，并用窗帘遮盖住尸体，之后就睡着了。

尼尔森醒来后，就给自己做了一份晚餐，边吃饭边看电视。吃饱后，尼尔森就开始处理尸体。他想把尸体推到地下室，但却失败了，因为尸体已经变得十分僵硬。然后尼尔森就决定把尸体塞到地板下，这次尼尔森成功了。

几天之后，尼尔森突然想到了那具尸体，就把地板撬开，尼尔森看到了一具干尸。尼尔森又把尸体扛到了浴室中，和尸体一起洗澡。当他把尸体扛到客厅，准备放到地板下时，突然跪了下来，他开始对着尸体手淫。高潮后，尼尔森就把尸体放到地板下。这具尸体一共陪伴了尼尔森 7 个多月，直到尸体已经腐烂得不成样子了，尼尔森才觉得应该把尸体焚烧掉。为了掩盖尸体焚烧的气味，尼尔森还特意加入了橡胶。之后，尼尔森便把骨灰撒到了地里，关于那个年轻男子的一切就消失了，如果不是后来尼尔森被捕并且主动交代，警方一点儿踪迹也找不到。

和所有的连环杀手一样，第一次杀人的体验对尼尔森来说是困难的，他甚至都觉得惊讶，自己居然会干起杀人毁尸的事情。不过很快，尼尔森就会发现他在杀人上变得越来越顺手和轻松，他会杀越来越多的人，直到自己死亡或被捕，而且杀人的间隔时间也会越来越短暂，杀人的冲动会越来越强烈。频繁地杀人会让警察注意到尼尔森，当然这是后话，此时的尼尔森所能想到的就是自己再也不会杀人了。

一年之后，尼尔森遇到了一个年轻的中国籍学生安德鲁·何。安德鲁想和尼尔森玩 SM 的捆绑游戏，但尼尔森却建议玩一个更危险的游戏，就是把领带套到安德鲁的脖子上。安德鲁突然觉得尼尔森是个很恐怖的人，立刻离开了尼尔森的家，并报告给了警察，但当警察要求安德鲁控告尼尔森时，安德鲁选择了放弃，可能是不想让人知道自己想和尼尔森玩 SM 的捆绑游戏。

　　两个月后，另一名被害人死在了尼尔森的手中，这是个加拿大游客，名叫肯尼斯·奥肯多。肯尼斯和尼尔森是在一家酒吧认识的，当时两人正在吃午餐，之后两人便一起喝酒，他们聊得很愉快，当尼尔森得知肯尼斯是游客后，就主动提出要带肯尼斯游览伦敦，肯尼斯自然很高兴，并且住在了尼尔森的家中。

　　肯尼斯与尼尔森相处得非常不错，尼尔森也很享受这段时光。但当尼尔森觉得肯尼斯快要离开英国回加拿大时，就起了杀心。尼尔森用家中的电话线勒死了肯尼斯，之后便在尸体旁听了会儿音乐。尼尔森想把肯尼斯的尸体清洗一下，于是就扒光了尸体，然后扛到浴室中。清洗完毕后，尼尔森又把尸体扛到了床上，不停地抚摸尸体，直到睡去。醒来后，尼尔森就把尸体塞进了碗柜，扔掉肯尼斯的衣服后，尼尔森就去上班了。

　　等尼尔森回来后，尸体已经变得僵硬了。尼尔森把尸体从碗柜中抱出，又把尸体扛到浴室清洗，然后给尸体穿上了衣服，并把尸体安放在一把有靠背的椅子上，给尸体拍照片。当尼尔森把尸体放到床上后，就开始和尸体聊天。之后，尼尔森便把尸体的大腿交叉起来，用大腿来刺激自己获得高潮。最后尸体又被他安放在了地板下，陪着尼尔森度过了一段时光。

　　对于尼尔森来说，尸体是非常漂亮的，能和尸体共处是一种美好的享受。尼尔森还十分喜欢给尸体穿上不同的衣服，然后静静地欣赏。这在常人看来是诡异的，但尼尔森却觉得非常有趣。

　　5个月后，尼尔森认识了一个无家可归者——16岁的马蒂尼·杜菲里。尼尔森把杜菲里骗到家中后就灌他酒，当杜菲里准备睡觉时，尼尔森突然爬到床上，想要勒死他。等杜菲里昏迷后，尼尔森便把他扛到厨房，然后把杜菲里的头按到水槽中，直到杜菲里死亡。因为杜菲里才16岁，所以尼尔森对这具年轻的尸体十分满意，就和尸体一起洗澡，然后不停地亲吻尸体，最后坐在尸体的肚子上手淫。杜菲里的尸体陪伴了尼尔森两个星期，然后被放到了地板下。

　　接下来的被害人是名27岁的男妓，靠卖身生活。比利·萨瑟兰在酒吧看到尼尔森后，就想从尼尔森那里赚笔钱，便一直跟着尼尔森。最初尼尔森并没有看上比利，也不想带比利回家。对于比利的死亡过程，尼尔森的大脑断片了，他记不起来是怎么杀死比利的，反正第二天早上醒来后，就在家中看见了比利的尸体。

下一个被害人同样是自己送上门的，马尔科姆·巴洛是个 24 岁的精神有问题的孤儿，还是个病态说谎者。一天，巴洛不停地在尼尔森的家门外走来走去，还抱怨说自己有癫痫病，身体很虚弱。尼尔森发现后不仅把巴洛请到家中，还给医院打电话。救护车把巴洛带走了，但很快巴洛就出院了，然后继续在尼尔森的家门口徘徊，还会等尼尔森下班。

尼尔森发现巴洛又出现后，就邀请巴洛去家中做客，不停地让巴洛喝酒，直到巴洛喝醉，然后尼尔森就把巴洛给掐死了。这是一次不怎么舒服的杀人体验，因为尼尔森很讨厌巴洛这个精神病人。随后，尼尔森便把巴洛的尸体塞到了厨房水槽下的柜子里。

此时，尼尔森的住所中可以说到处都是尸体的气味，有些尸体被放在地板下，有些尸体则在尼尔森的床上，供尼尔森手淫。尸体腐烂会带来令人难以忍受的恶臭，还会引来许多苍蝇，尼尔森为此买了不少喷雾剂，用来掩盖尸体的臭味。尽管如此，尼尔森依旧觉得和尸体相处的感觉很美好，他觉得自己可以完全掌控尸体，尸体不会离开他，他让尸体摆出什么姿势，尸体就会摆出什么姿势。尼尔森的邻居也渐渐闻到了尸体的味道，但邻居没有想到这是尸体的气味，就向尼尔森抱怨，尼尔森说这是房子腐朽的味道。

有一次，尼尔森突然有了自杀的念头，就在他准备杀死自己时，宠物狗突然跑了进来，看到爱犬的一刻，尼尔森突然觉得自杀是个非常愚蠢的行为，并对着镜子给了自己一耳光。这是个非常怪异的现象，就好像电影《沉默的羔羊》中的那个野牛比尔，可以残忍地杀人并剥下死者的皮，但当听到爱犬有危险后，却会变得十分急躁和不安。据说，警察在拯救一名自杀者时，就告诉自杀者，如果他死了，他的爱犬就会变成流浪狗。这个自杀者一听爱犬会变成没人要的流浪狗，便主动放弃自杀。尼尔森虽然杀死了许多人，但却从未想过对爱犬下手，或许他觉得爱犬永远不会弃他而去。

既然不准备自杀，那么接下来就得处理房间里的尸体，他还专门把爱犬赶到了花园中。为了不弄脏自己的衣服，尼尔森脱了个精光。接下来，尼尔森肢解了所有的尸体，这个工作对尼尔森来说可谓是手到擒来，因为他之前就当过屠夫。除了肢解，尼尔森有时还会把被害人的头颅放到大锅中煮。尼尔森把尸体肢解完毕后，就装进了塑料袋中。

尼尔森给自己留下了两具完整的尸体和一具被肢解了的尸体，把这些通通放到了地板下面。剩下的一部分尸体则被尼尔森放到了花园中，那里有一个小棚子和紧挨着矮树丛的洞。还有一部分尸体被尼尔森装进了手提箱里，有时会拿出来进行焚烧。

尼尔森的这种点火行为引起了人们的注意，但没有人想主动了解尼尔森到底在烧些什么。有一些好奇心比较重的小孩子曾长时间地看着尼尔森焚尸，但他们也不知道尼尔森到底在烧什么，而且尼尔森还叫他们和火保持一定的距离，避免被烧伤。焚烧所遗留下的骨头都被尼尔森碾成了骨灰，然后撒到了地里。

等把尸体都处理完毕后，尼尔森搬家了，新家给尼尔森处理尸体带来了不小的麻烦，但依旧挡不住尼尔森杀人的冲动。1981年11月23日，这天是尼尔森的生日，他在酒吧认识了一个19岁的同性恋保罗·诺比斯，尼尔森把保罗带回家喝酒。凌晨时，保罗因为剧烈头痛醒来一次，然后又睡下。第二天醒来，保罗在脖子上发现了红色印记，尼尔森建议他去看医生。医生告诉保罗他脖子上的红色印记是有人想掐死他留下的，保罗听到后虽然后怕，但并未报警，之后的被害人就没有这么幸运了。

尼尔森在酒吧认识了一个名叫约翰·霍莱特的男子，约翰在尼尔森的家中喝醉了，就想直接睡觉，尼尔森想让他离开，可是约翰不听，尼尔森就起了杀心。他用皮带勒住约翰的脖子，约翰虽然昏厥了，但心脏依旧在跳动，尼尔森就把约翰按到浴池里。确定约翰死亡后，尼尔森把约翰剁成了碎块，一些扔到厕所里冲掉，另一些则留下来做成菜，招待朋友。至于约翰的骨头，则被尼尔森扔到了垃圾箱里，稍大些的骨头被扔到了河里。

第二个死在尼尔森新家的人是阿奇巴德·格雷汉姆·艾伦，当时尼尔森并没有计划杀死艾伦，但当看到艾伦的嘴角挂着一块蛋卷之后，尼尔森突然觉得艾伦已经昏迷了。对于艾伦的死，尼尔森一直不承认，认为是蛋卷杀了艾伦。最后，艾伦的尸体被尼尔森扛到了浴室中，并在那里待了三天，之后才被尼尔森肢解和处理。

最后一个被害人是个瘾君子，他的名字叫史蒂文·辛克莱尔。尼尔森把辛克莱尔带到了家中，然后把辛克莱尔放到椅子上，还播放了一会儿音乐，渐渐地辛克莱尔睡着了。尼尔森看到辛克莱尔睡着后，就把他绑在了椅子上，然后不停地给辛克莱尔灌酒，最后勒死了辛克莱尔。与其他的被害人不同，辛克莱尔并未进行剧烈的挣扎，后来尼尔森便在辛克莱尔的手腕上发现了曾经自杀遗留下来的刀割伤口。

除了这些被害人之外，一些人也侥幸逃脱了。在 1981 年的新年夜，当尼尔森准备对一个叫小泽利光的人下手时，突然接到了邻居的邀请，其间尼尔森喝了许多酒。后来，邻居就看到一个全身湿透的人从楼上跑下来。事后，小泽利光把这段经历告诉了警察，并说尼尔森想杀死他，但警察却觉得既然尼尔森和小泽利光都喝醉了，就没什么好追究的。

另一名幸存者应该感谢尼尔森的爱犬，他是个反串演员，总是穿着女人的衣服进行表演，他的名字叫卡尔·斯托特，只有 21 岁。尼尔森把卡尔带回家喝酒，喝醉后两人就在床上睡觉。尼尔森醒来后便想掐死卡尔，窒息的卡尔醒来了，并请尼尔森帮他呼吸，但尼尔森却把他带到了浴室，并把卡尔扔到了水中。其间，卡尔不停地求饶，但尼尔森都没有放手。在卡尔停止了挣扎后，尼尔森就把卡尔扛到了沙发上。这时，尼尔森的爱犬突然跑过来，不停地舔着卡尔的脸。当尼尔森发现卡尔还活着时，就托着卡尔，等卡尔渐渐恢复了意识。卡尔清醒之后，尼尔森告诉他，当时他的喉咙被东西卡住了。卡尔相信了尼尔森的说法，并且答应了尼尔森经常来他家玩耍，但之后卡尔再也没有来过，而且也没有报警。

虽然尼尔森很享受和尸体一起生活，但也不得不想办法处理尸体。一些肉块和器官被扔到了马桶中，但却造成了下水道的堵塞，尼尔森就用酸来清洗下水道，但没什么效果。房客们只好请专业人员来检查下水道。从此之后，尼尔森再也不敢往厕所里扔尸体，而是把剩下的尸体都装进塑料袋里，然后锁在了壁橱里。

一个名叫迈克尔·卡坦的人来到尼尔森的住处检查下水管道问题。迈克尔闻到了一些特殊的气味，有点儿像尸体的气味，但迈克尔并未往人的尸体上想，觉得可能是老鼠等一些小动物的尸体。但随着迈克尔发现了越来越多的尸块后，便觉得不对劲，就决定报警。可是迈克尔的公司却觉得报警未免有点儿太轻率，决定在第二天白天时仔细观察后再做决定。

在迈克尔刚发现那些尸块时，就叫来了房客们，包括尼尔森在内。尼尔森回到家中后便开始想办法，他想到了把这些尸块都换成鸡肉，他也想到了自杀。除此之外，房间内还有一些被害人的尸体没有被处理，想到这些，烦闷不已的尼尔森便开始不停地喝酒。

其实房客们早就开始怀疑起尼尔森来，觉得下水道的那些尸块肯定和怪异的尼尔森有关。第二天，在迈克尔发现了一大块尸体后，立刻拨打了报警电话。此时，尼尔森正在上班，并且告诉同事们，如果明天他没有来上班，要么死了，要么就是被警察抓走了。尼尔森的同事们以为这只不过是尼尔森的玩笑话，并未放在心上。

下班回家后，尼尔森在楼道里碰见了警察。随后，尼尔森就主动跟警察走了，在警察局里老实交代了自己所犯下的罪行。尼尔森的交代让警察十分吃惊，因为警察没有想到那些悬而未决的失踪案居然都和尼尔森有关。尼尔森还告诉警察，自己家中的壁橱和浴室的抽屉里都有尸块。在许多人看来，尼尔森就是个超级变态杀人狂，但尼尔森却解释说，自己这么做只是想交朋友。最终尼尔森被送进了监狱。

【犯罪心理分析】

在尼尔森的杀人动机中，有一个显著的特征，即无法排遣的孤独，他杀人是为了不让被害人离开自己，这点儿与达莫比较相似，由于尼尔森杀害的都是男性，所以他便被冠上了"英国的达莫"称号。只不过达莫会吃人肉，而尼尔森则会把尸体留在身旁陪伴自己。

尼尔森出生在苏格兰一个普通的家庭，因为父亲奥拉酗酒，所以常常不回家。后来奥拉就连生活费也不再提供，母亲贝蒂选择了离婚，然后带着尼尔森离开了。在尼尔森的记忆中，他最喜欢和外祖父安德鲁·怀特待在一起，但在他6岁时外祖父就去世了，而且他在毫无准备的情况下被母亲带去参加外祖父的葬礼，在那里看到了外祖父的尸体，这是段让尼尔森十分恐怖的体验。这是尼尔森第一次接触尸体时的感受，是一种正常的感受，因为尸体会让人联想到死亡。但后来，尼尔森对尸体的感受却出现了扭曲，居然觉得尸体很美好。

虽然尼尔森在杀害被害人的时候都用了勒住脖子的方式，但置人于死地的却是水中窒息，这或许与尼尔森幼年时的一段经历有关。尼尔森8岁时，在海中玩耍差点儿被淹死，幸好被一个男孩救起。但当尼尔森醒来后，却发现自己肚子上有些白色粘稠的物质，后来尼尔森才明白那个救命恩人趁着自己昏迷的时候面对自己进行了手淫。

后来尼尔森的母亲又结婚了，并且还有了四个孩子，无暇照顾尼尔森，这样尼尔森变得更加孤独起来。与许多连环杀手不同，尼尔森不会用伤害小动物和其他小朋友的方式来排遣孤独。总的来说，尼尔森并不是个攻击性很强的男孩，在许多人的心中，他就是个普通的男孩。渐渐地，尼尔森表现出了同性恋的倾向，无法和异性进行深入的接触，但却可以轻易吸引男孩的注意。尼尔森也开始对男孩有了兴趣，一天晚上甚至想趁着兄弟熟睡之际偷看兄弟的裸体，但并未得逞。

尼尔森的变态行为是从入伍后开始的，在军队中他是名厨师，学会了屠宰的技巧。因为尼尔森有属于自己的单间，所以总会照镜子扮演失去知觉的样子，然后想象自己是另外一个人，这样进行手淫时，往往会有更强的性兴奋。尼尔森与军中其他战友的关系很疏远，为了排遣孤独，尼尔森会不停地喝酒。

后来尼尔森认识了一个名叫布赖恩·马斯特斯的人，两人的关系很不错，但尼尔森却爱上了布赖恩，布赖恩觉察到这份爱意后，就渐渐疏远了尼尔森，甚至让人骗尼尔森，说自己意外死亡了。这给尼尔森造成了不小的打击。

1972年，尼尔森参加警察培训期间，曾在太平间看过一具尸体。这时的尼尔森已经不再对尸体感到恐怖，而是开始对尸体着迷。虽然尼尔森没有成为正式的警察，但却获得了一份负责面试的工作，这份工作尼尔森做了很久，直到自己因杀人被捕。

在杀人之前，尼尔森也曾试着和一些男性进行交往，但这种交往很短暂和表面，无法满足尼尔森，因为尼尔森渴望能建立一种持久的关系。为此，尼尔森开始陷入照镜子的性幻想中，把自己想象成一具尸体，然后再把自己想象成另外一个人，可以和尸体产生亲密的关系。后来，尼尔森甚至还会化妆，把自己化成一个死人的样子。

　　之后，尼尔森便和一个叫大卫·加拉奇的男性同居，还买了一只宠物狗。后来，尼尔森越来越无法忍受大卫，就让大卫搬了出去，但那只宠物狗却一直陪着尼尔森。尽管有爱犬的陪伴，但尼尔森却变得更加孤独，为了缓解孤独，尼尔森会投入地进行工作，闲下来就会到酒吧买醉。在家中观看电视节目也是尼尔森排遣孤独的方式。

　　渐渐地，尼尔森便被这种幻想和孤独所围绕，他迟早会走上杀人的道路。但在他正式杀人之前得有一些激发因素，让他把自己的幻想付诸行动。于是尼尔森在一次和同伴醉酒后，起了杀心，因为他想到了对方醒来就会离开，这让他很不愉快。

第二十二章

混乱年代的悬案——金伯利鲁恩连环杀人案

　　警察通过对河流的搜索发现了更多与被害人有关的证据，例如被害人的右腿以及一顶灰色的沾有血迹的毡帽、一件包裹在废旧报纸里的领口沾有血迹的蓝色工作衫。随后被肢解的尸体都被打捞上来，除了几块碎尸外，还有一颗头颅，可以确认被害人也是被斩首身亡的，死亡时间应该在两天前。

20 世纪 30 年代，经济大萧条袭击了美国，这场经济危机来得十分突然，贫穷在美国突然变得十分常见，许多企业和家庭要么已经破产，要么就是处在破产的边缘，失业率迅速上升，许多人因为失去了工作而没有了经济来源，成了一无所有的人。面对经济的萧条，美国政府也做了许多努力，但国家的宏观调控根本无法控制经济直线下滑。

美国俄亥俄州的克利夫兰市成了一个经济奇迹，市政府在这里实施了大规模的公共建设，这给许多人制造了就业机会，也刺激了经济的繁荣，总之这里的繁荣吸引了很多失业的人，许多没有工作的人都乘坐着火车来到克利夫兰市，希望能找到一份工作来养活自己。这样，克利夫兰市一下子涌进了大量贫困的人口，这些人中的大部分人依旧没有找到工作，但却在这座城市里定居下来，一个贫民窟出现了——金伯利鲁恩。

金伯利鲁恩贫民窟是座废墟，这里除了一些狭小的铁皮房子可以供人们居住外，还有大量垃圾，这些垃圾中有工业垃圾，让一条河流变得脏臭不堪，也有生活垃圾，例如腐烂的水果和空罐头盒等，这些垃圾随意地丢弃在地上，没人管理。这里成了犯罪的摇篮，走私、贩毒、卖淫和黑社会等各种犯罪行为在这里十分常见。当然这里也有一个警察办公室，但警察的主要责任就是负责保护铁路的安全，防止流浪汉扒车。如果没有警察在这里镇守，说不定铁轨都会被流浪汉扒下来。

就在金伯利鲁恩贫民窟，出现了一系列的连环杀人案，被害人都被凶手肢解得支离破碎，手段残忍得令人发指，这个连环杀手也因此被人们称为"金伯利鲁恩的疯狂屠夫"。

1935 年 12 月 23 日，在金伯利鲁恩普拉哈大道和东 49 街出现了两具男性尸体，全身赤裸地躺在草丛中，而且头部都被砍掉，生殖器也被人砍掉，后来经确认，在被害人生前，他们的生殖器就已经被人砍掉。被害人的血液也被人为地放掉，这些尸体显得很干净，显然是被人清洗过，这里虽然是发现尸体的地方，但可以肯定的是，这不是案发现场。最终，法医通过鉴定认为两人都是被斩首杀害的，因为尸体的颈部肌肉出现了严重收缩的现象，而且杀害被害人的凶器是一把大砍刀。很快，警察就找到了两名被害人的头颅，这两颗头颅分别被凶手埋在了距离尸体不远的地下。

不久，两具尸体中的一名被害人的身份就确定了，他是 28 岁的爱德华·安德拉西。爱德华出生于一个没落的匈牙利贵族家庭，曾在一家精神病院工作，与一名护士结婚并有一个女儿，但这段婚姻并未持续很久。随着经济危机的到来，爱德华失去了工作，成了一个流浪汉，每天除了酗酒、吸毒之外，还经常打架斗殴、私藏武器、贩卖淫秽书刊，有人甚至说爱德华是个同性恋。虽然后来爱德华的头颅被找到了，但他的生殖器却消失了。另一名被害人的身份没有被核实，他和爱德华一样，生殖器都没有被找到，而且他的尸体还做过防腐处理，之后被焚烧过。

1936 年 1 月 26 日，金伯利鲁恩东 21 街一栋建筑物边上出现了一个装着被肢解的碎尸的篮子和麻袋，里面有两条小腿、两条大腿、右臂以及被横砍成两半截的上身，还有一套被包裹在报纸中的白色棉制内衣裤。后经确认，被害人是一名女性，名叫佛罗伦斯·桑蒂·坡丽洛，是个 42 岁有着爱尔兰血统的女人。坡丽洛在染上酗酒的毛病前，有着美满的婚姻和良好的人际关系，但自从她开始酗酒后，她的生活就变得不正常起来，没有正当的职业，也没有稳定的人际关系，主要靠卖淫为生。最终警察确认了坡丽洛的死亡时间，大约是在四天前，而丢弃尸体的时间则大约是当天凌晨两点到两点半之间。和之前的谋杀案一样，坡丽洛同样死于斩首，凶器依旧是大型砍刀，而且尸体也被清洗过，没有血液外流的情况。

1936 年 6 月 5 日，有人在金伯利鲁恩地区边缘小路旁的矮树丛中发现了一颗人头。在警察赶到后，立刻展开了侦查和搜索的工作，后来在铁路警察办公室前面的树丛中找到了被害人的尸体。被害人同样死于斩首，凶器同样是一把大型砍刀。虽然警察无法确定被害人的身份，但可以确定的是被害人并不在金伯利鲁恩地区，因为他身上的衣服比较新。警察还在被害人的尸体上发现了 6 处文身。根据被害人身体强壮的特点来看，被害人生前应该是名水手。这名被害人除了头部被砍下之外，并未发现其他损伤。

1936 年 7 月 22 日，又有一具被砍下头颅的尸体出现了。这次是在城市的西南方发现的，这里同样是个贫民窟。随后，警方便在距离尸体不远处发现了被害人的头颅，被衣服包裹着。这一次，凶手没有清洗尸体，因为地面上有干了的血迹，这里应该还是案发的第一现场。由于当时正值炎热的夏季，尸体很快就腐烂了，根本无法确认被害人的身份，但可以确定的是，这名被害人的死亡时间早于刚刚发现的那名被害人，只是发现的时间较晚。

1936 年 9 月 10 日，有人报告在金伯利鲁恩东 37 街旁的河水中发现了几块碎尸。警察通过对河流的搜索发现了更多与被害人有关的证据，例如被害人的右腿以及一顶灰色的沾有血迹的毡帽、一件包裹在废旧报纸里的领口沾有血迹的蓝色工作衫。随后被肢解的尸体都被打捞上来，除了几块碎尸外，还有一颗头颅，可以确认被害人也是被斩首身亡的，死亡时间应该在两天前。这是金伯利鲁恩连环杀人案的第六名被害人，凶手越来越频繁地作案，让人们开始关注这起连环杀人案，凶手显然也不准备停手。

1937 年 2 月 23 日，有人在金伯利鲁恩东 15 街附近的河滩发现了一块残缺不全的尸体，这块尸体没有头部，只有上半身，而且双臂也被凶手切掉了，但这显然是个女性被害人。虽然警方无法确认被害人的身份，但可以确定被害人就生活在金伯利鲁恩贫民窟。验尸报告显示，被害人的死亡时间应该不超过三天，而且患有中度肺气肿和有过身孕。虽然被害人和以往的死者一样，都被切掉了头颅，但法医却根据被害人血液凝结在心脏的特征，推断出被害人是在死亡后才被切下了头颅，而且受到了虐待，流了不少血，很可能就是失血过多而导致的死亡。两个多月后，在金伯利鲁恩东 30 街附近的河中发现了被害人的两条腿。

1937 年 6 月 6 日，金伯利鲁恩地区的罗林－卡内基桥的第五个桥拱下面出现了一个麻布袋，上面覆盖着去年 6 月的旧报纸，而麻袋里面却装着一些已经腐烂的碎尸。经鉴定，死者已经死了一年了。当警察把这些破碎的尸块进行了一番拼凑后发现，死者是名女性，而且十分瘦弱，身高应该不会超过152 厘米。死者的第三、四、五节脊椎骨的部位有被砍过的痕迹，但无法确定死者是生前遭遇了斩首，还是死后被切下了头颅。此外，凶手还对尸体进行了生石灰处理。后来，一名私人牙医通过对死者牙齿的检查确认了死者的身份，死者名叫罗斯·华莱士，是个黑人妓女。虽然警察无法确定死者到底是不是罗斯·华莱士，但可以确定的是，死者是个有色人种。

1937 年 7 月 6 日，库亚候加河中的一些碎尸漂到了金伯利鲁恩地区，这些碎尸由上半身和两条腿组成，死者是个男性。一个星期后，死者的其他部位在河流的下游地区被找到，但头颅却一直下落不明。虽然被害人的上半身保存完整，但其腹部的器官以及心脏都被人为地取走了，死者的致命伤在颈部，显然是斩首身亡的。由于警方没有在尸体上发现什么能证明死者身份的东西，再加上死者的头颅没有被找到，所以死者的身份无法确定，但警察却发现死者的指甲保养得不错。

1938 年 4 月 8 日，库亚候加河的河面上漂起了一条女性大腿。一个月后，死者的其他部位被发现，死者的上半身被切成了两半，小腿和脚还有双手都被肢解，只有头颅保持完整，这些都被装进了两个麻袋中。最终通过法医的鉴定可以得知，死者是被凶手斩首死亡，腹部的疤痕显示死者生前应该做过剖腹产手术或堕胎手术，此外法医还发现了死者身上有阑尾切除手术所遗留下的疤痕。死者的身份最终没有被确认。

1938 年 4 月底，金伯利鲁恩东 9 街尽头的垃圾堆里出现了被肢解的女性尸体，尸体被包裹在旧衣服和报纸中。随后，警方便在附近搜索到了更多的碎尸，还从一个废弃的大桶里发现了一个男性头颅，这说明他们同时发现了两名被害人，而且是一男一女。

最终确认女性被害人是高加索白种人，尸体是被大砍刀肢解的，具体死亡原因无法确定，可以肯定的是这名女性的死亡时间大约在 3 月，而丢弃尸体的时间则在半个月前。男性被害人也是白种人，尸体同样被大砍刀肢解，死亡原因和死亡时间都无法确定。

金伯利鲁恩连环杀人案让当地警方投入了大量的人力进行调查，还成立了专案调查组，并且动员了半个城市的居民协助调查。最终警方确定了数千名犯罪嫌疑人，还请来众多专家帮忙进行排查，但金伯利鲁恩连环杀人案依旧在不停地上演。混乱的金伯利鲁恩区对于凶手来说就是最好的掩护，再加上当时正值经济危机，整个社会都处于混乱和动荡之中，这种混乱无形中保护了凶手，而金伯利鲁恩连环杀人案也成了美国犯罪史上的一桩悬案。

【犯罪心理分析】

作为一桩悬案，金伯利鲁恩连环杀人案的凶手成了当地警局的一块心病，凶手甚至在1939年给警察局局长写了一封信，这封信被许多犯罪心理专家研究过，证实这封信就是金伯利鲁恩连环杀人案的凶手写的。这是金伯利鲁恩连环杀手唯一一次和警察联系，这封信后来被刊登在克利夫兰市的报纸上。

信件中，凶手提到警察可以放心地休息了，因为他已经离开了克利夫兰市，到温暖的加利福尼亚过冬。凶手还提到了被害人，说自己肢解人体的技术还不够好，如果他的肢解技术能够得到进一步的提高，一定会在医学界引起轰动。

凶手在信中表达了对那些被害人的不屑一顾，认为那些被肢解的被害人就像一堆被剁碎了的猪肉一样，不会在人们的心中留下什么印象，也不会有人去怀念他们。这说明凶手对自己所犯下的罪行毫无悔改之意，也没有什么同情心，被害人的生命对他来说没有什么价值。此外，凶手还提到了巴斯德（1822～1895，历史上公认的对人类最有贡献的疾病预防科学家）和梭罗（1817～1862，美国著名超验主义实践作家，自然随笔的创始者，代表作品是《在康科德和梅里马克河上的一周》和《瓦尔登湖》），把自己和这些先驱相提并论。

最后，凶手提到了自己的杀人动机，他杀人以及处理尸体，都是按照上帝的意愿，让那些被害人不再遭受痛苦。凶手还挑衅地对警察说，还有一个被害人的尸体没有被找到，也将永远不会被找到，因为凶手不想让人们发现。凶手还说，或许在许多人的眼中他就是个冷血的、疯狂的屠夫，但事实会证明他的理论，而且他已经有了一个追随者。

第二十三章

下半旗哀悼的枪击惨案——提姆·克雷舒默

反社会型人格障碍的患者在社会适应上会遇到不小的问题，也就是说，该患者无法建立起亲密的关系，无法融入周围人的世界中。临床精神病学家阿德勒认为克雷舒默和许多校园枪击案凶手一样都有着病态的人格，并且深受这种病态人格的折磨，无法建立起正常的社交关系，在周围人的排挤中倍感压力，当这种压力超过他们的承受极限后，就很容易走上违法犯罪的道路。

2009 年 3 月 11 日上午 9 点 30 分 (北京时间 16 点 30 分)，在德国，一个身着黑色野战装备服的枪手突然闯入了斯图加特市附近小镇温嫩登一所名为艾伯特维尔的中学，枪手迅速地进入教室，准备上课的学生们还没缓过神儿来，就被枪手手中的武器给扫射了，然后枪手迅速地离开，前往下一个教室。这场枪击案一共导致了 12 个人死亡，其中 9 个为学生，都是一些十五六岁的少年，还有 3 名女教师也不幸遇难。

枪击案给这所中学带来了前所未有的混乱，受到惊吓的学生们纷纷跳窗逃命，随后警察也赶到现场。当地的一名警察说，平生第一次见到这样的场面。学生们的家长在得知学校发生了枪击案后也都赶到学校，由于警察不让进入，于是只能焦急地待在学校附近，等待孩子的消息，并且祈祷自己的孩子能平安无事。

警察赶到案发现场后，并没有发现形迹可疑的人，凶手很可能在警察赶到之前就已经逃走了。随后警察便开始疏散学校内的师生，为了保护案发现场，还对学校进行了封锁。随后，法医赶到了学校，并开始检查被害人的尸体。其他受伤的师生都被转移到了附近的一家诊所中，没有受伤的学生则跟着父母回家了。

后来，警方发现被害人大多数是女性，9 名被害学生中，只有 1 名男生，剩下的均为女生，3 名被害教师则全部为女性。除此之外，受伤的 7 个人也都是女生。一位男性目击者还向警方交代，枪手在开枪时避过了他，而是向周围的人扫射。这说明枪手的目标是女性，男性死者算是误伤。这些被害人大都是一枪毙命，都被击中了头部，由此可见枪手的枪法是不错的。警察还在案发现场发现了大量的未经使用的子弹，这显然是枪手留下的，如果不是警察及时赶到，枪手应该还想枪杀更多的人。枪手之所以能得手，在这么短的时间内枪杀这么多人，除了他高超的枪法外，还有一点十分重要，那就是被害人们猝不及防，他们无论如何也想不到枪击案居然会发生在自己身上。就连警察也十分惊讶，警察发现有些被害人的手中仍紧紧地握着钢笔。

　　学校周围的车辆也成了盘查对象，警察希望能找到凶手。为了避免无辜者被凶手胁迫，警察要求路过的司机不要搭载陌生人。除此之外，附近的幼儿园、小学和图书馆等一些公共设施也被迫关闭，安静的小镇一下子变得紧张起来。

　　为了尽管抓捕凶手，警方还出动了直升机和警犬。搜捕期间，枪手和警察相遇了，双方还发生了十分激烈的枪战，其中两名警察被凶手击中，身受重伤，不过枪手的腿部也被击中了，但枪手还是在不停地逃亡，没有主动投降的意思。在枪手逃亡的路上，遇到了一些路人，其中3名路人就被凶手开枪打死。最终，枪手死在了一家超市附近。枪手到底是被警察击毙还是自杀，则成了一个谜，但当地警方认为枪手是死于自杀。

　　这起枪击案在德国引起了不小的震动，德国政府发言人威廉公开表示，德国总理默克尔听到这起枪击案的消息后十分震惊，威廉还代表默克尔和德国联邦政府对遇难者家属表示慰问。与此同时，英国的《每日电讯报》《泰晤士报》和美国《时代》杂志网站都对这起枪击案进行了报道。随后，欧盟委员会主席巴罗佐当天也发表声明，对这起枪击案表示震惊和悲痛。

　　在枪击案发生的当天下午，默克尔在柏林总理府专门针对温嫩登校园枪击案发表了简短声明："今天的德国沉浸在悲痛之中，上午一起枪击案在瞬间夺走了一些学生和老师的生命。联邦政府会对巴符州提供所需要的援助。"之后，德国内政部长宣布，2009年3月12日德国将会下半旗，为温嫩登镇的校园枪击惨案哀悼。

【犯罪心理分析】

　　制造这起枪击惨案的凶手是个17岁的高中生，名字叫提姆·克雷舒默。在同学们的眼中，克雷舒默不仅性格内向和容易害羞，还十分孤僻，没有什么朋友。克雷舒默还是同学们欺负和排挤的对象，渐渐地克雷舒默对世界充满了憎恨。在周围女孩的眼中，克雷舒默是个十分怪异的人，对"死亡金属"音乐和枪支有着狂热的迷恋。克雷舒默的业余时间都交给了枪支，一有时间就会在家后的树林里练习射击。在枪击案发生的前一天晚上，内向害羞的克雷舒默终于鼓足勇气向一个女孩告白，但却遭到了女孩的拒绝。这让克雷舒默感到了绝望，其精神状态变得狂暴起来，于是就选择了大开杀戒。

克雷舒默之所以喜欢枪支并且擅长射击，或许是受到了父亲的影响。克雷舒默的父亲乔治经营着一家包装公司，手下有20多名职员，给克雷舒默提供了丰富的物质生活。乔治不仅是劳滕巴切射击俱乐部的成员，而且还有持枪许可证。在朋友们的眼中，乔治最大的爱好就是收藏武器枪支，乔治还非常了解武器，尤其精通气手枪。据说，乔治还有一个专门用来收藏武器的橱柜，这个橱柜很大，被镶嵌在墙体中。克雷舒默在枪击案中所使用的武器是一支强威力的贝瑞塔自动手枪，这是乔治的武器藏品之一，被克雷舒默偷走了。

警方和调查人员在检查了克雷舒默的电脑后发现了一些促使克雷舒默走向极端的线索，克雷舒默曾在电脑中写下了这样一段话："我不知道自己喜欢什么和讨厌什么，或许我什么也不喜欢、什么也不讨厌。至于工作，我担心自己依然是个学生。"

和许多连环杀手一样，克雷舒默是个反社会型人格障碍患者。首先，克雷舒默有着高度的攻击性，性格孤僻的他十分沉迷于网络暴力游戏。而且据克雷舒默的同学反映，他们经常和克雷舒默玩纸牌游戏，其中一种玩法叫"反恐精英"对战，在玩的时候都是一些杀人任务，对于这种游戏克雷舒默十分擅长。

其次，反社会型人格障碍的患者在社会适应上会遇到不小的问题，也就是说，该患者无法建立起亲密的关系，无法融入周围人的世界中。临床精神病学家阿德勒认为克雷舒默和许多校园枪击案凶手一样都有着病态的人格，并且深受这种病态人格的折磨，无法建立起正常的社交关系，在周围人的排挤中倍感压力，当这种压力超过他们的承受极限后，就很容易走上违法犯罪的道路。

第二十四章

黑寡妇——贝拉·冈尼斯·索伦森

　　有一种女性连环杀手被称为黑寡妇，是一种十分常见的类型。这种称呼基于一种具有剧烈毒性的蜘蛛，这种蜘蛛在交配后，雌性蜘蛛往往会吃掉雄性蜘蛛，这么做是为抚育下一代积累营养。不过如果黑寡妇在吃饱的情况下和雄性蜘蛛进行交配，就不会吃掉丈夫。

贝拉·冈尼斯·索伦森是挪威人，典型的北欧人种，长得又高又壮，身材十分丰满。贝拉在 22 岁移民到美国芝加哥居住，她这种高大且丰满的女性在美国受到了许多男性的追捧，她也给自己起了一个新的名字，即贝拉，美女的意思。

贝拉 25 岁时和一个保安结婚了，两个人后来一起开了一家糖果铺，生意虽然不红火，但也不至于亏本。不到一年的时间，贝拉夫妇的糖果铺突然着火了，所有的东西都在这场火灾中变成了灰烬。但所幸的是，贝拉夫妇买了保险。得知贝拉夫妇的糖果铺失火后，保险公司的调查员赶到现场进行调查，贝拉对调查员说是一盏煤油灯爆炸引起的火灾，最终贝拉夫妇获得了一笔赔偿金。

贝拉夫妇在结婚后生下了一个女儿，取名为卡罗琳，贝拉夫妇也给卡罗琳买了保险。在获得火灾保险金后不久，贝拉夫妇又获得了一笔赔偿金，因为他们的女儿卡罗琳死了，死于急性结肠炎。当时卡罗琳先是出现了恶心、发烧和腹泻的症状，随后便因为小腹疼痛所引起的痉挛而死。短期内，贝拉夫妇一下子获得了两笔丰厚的保险赔偿金。虽然保险调查员也曾怀疑过，但看到贝拉夫妇因为卡罗琳的死十分伤心时，便没有深入调查。

贝拉夫妇利用赔偿金在芝加哥的郊外买了一栋房子，不久之后他们的房子着火了，保险公司又赔了一笔钱。之后，贝拉夫妇的儿子也得了急性结肠炎，死于全身痉挛，保险公司又出了一大笔钱。

接下来，贝拉夫妇又买了一栋更大的房子。没过多长时间，贝拉的丈夫死了。经法医鉴定，贝拉的丈夫死于士的宁中毒。对于法医给出的鉴定结果，贝拉夫妇的家庭医生表示不服，认为贝拉的丈夫本身就因为心脏肥大症随时有生命危险。贝拉也表示，她一直按照医嘱给丈夫服用一种药粉。最终，贝拉又从保险公司那里获得了一笔巨额赔款。

接下来的几年时间里，贝拉一直被火灾和丧夫的噩运所笼罩着，她买的房子总会毁于一场火灾，她的丈夫或丈夫带来的孩子总会莫名其妙地死亡。被噩运笼罩着的贝拉也因此变得越来越富裕，保险公司的人十分熟悉贝拉这个寡妇。后来，贝拉带着一大笔钱离开了芝加哥，到印第安纳州拉波特县居住，并在那里买了一座大农场。

贝拉来到自己的新农场后不久，就请木匠给她建了一个猪圈，而且要求猪圈的围栏得有 180 厘米高，上面还得用铁丝网罩住。这种要求让木匠感到十分奇怪，因为猪圈的围栏根本用不着那么高，没有一头猪能跳过这么高的围栏。

办理完一切琐事后，贝拉就开始在《斯堪的纳维亚人报》上刊登征婚启事，在征婚启事上，贝拉充分展现出了自己的优势，她是个有钱的寡妇，还有一座大农场，最重要的是她风韵犹存，身材丰满。贝拉在征婚启事中表示想找到一个忠诚的男子来当自己的丈夫或情人，一定要和她一起对家庭负责任。这样的征婚启事自然能吸引一些男士，但他们不知道的是这其实是封死亡邀请函。

贝拉通过征婚启事，认识了一个名叫安德鲁的男子。起初，两人只是在通信中聊些恋人之间的琐事。最后，贝拉开始谈论钱的问题，并且得知安德鲁有不少的积蓄，就邀请安德鲁到她的农场来，还让安德鲁把能变卖的东西全都换成金钱，拿着值钱的东西来她的农场。贝拉还交代安德鲁，不要和别人说他到她这里来了。当安德鲁提到去银行汇钱时，贝拉则阻止道："亲爱的，千万不要相信那些银行的骗子。你只需要把所有的钱都换成面额最大的那种就可以了，如果你害怕丢的话，可以把它们牢牢地缝在你的内裤里面。还有这些不要告诉任何人，这是我们两个人之间的小秘密。"但是安德鲁却消失了。

除了安德鲁之外，印第安纳州的乔治·巴里也消失不见了，当时他声称自己要去见一位"冈尼斯夫人"，并且还带了 1500 美元。西弗吉尼亚州的亚伯拉罕·菲利普斯在和贝拉通信后，便带着 500 美元和一枚钻戒去找贝拉，此后音讯全无。印第安纳州的赫尔曼·科尼茨则带着 5000 美元的现金去见贝拉，之后也消失了。

当然也不是所有与贝拉通信并去找贝拉的男子都消失了，有的男子因为随身携带的财物较少而幸免于难。密苏里州的乔治·安德森看到了贝拉的征婚启事后，就想和这个富婆结婚，于是就主动给贝拉写信。过了一段时间后，安德森就想去贝拉的农场看看。不过安德森是个精明的人，并没有按照贝拉的意思卖掉自己的家产，只带着 300 美元就去了。

当安德森看到贝拉后，十分满意，当晚就住在了贝拉的家中。但在夜晚时却发生了一件奇怪的事情，突然醒来的安德森看到贝拉就站在他的窗前，脸上的表情阴森、恐怖。安德森突然下意识地大声喊叫起来，贝拉也被这声喊叫给吓住了，尖叫着跑了出去。因为这个意外事件，让安德森之前对贝拉的好印象完全打消了，安德森突然觉得贝拉是个阴森古怪的女人，于是就赶紧离开了贝拉的农场。

不久之后，贝拉居住地的镇长就收到了很多从明尼苏达、威斯康星、西弗吉尼亚、堪萨斯等州的信件，这些都是寻找儿子、兄弟或父亲下落的信件。后来镇长收到的类似信件越来越多，这些信件中所提到的男子都失踪了，而且失踪前都和家里人说要到拉波特找一个富婆。但这些男子的失踪都未引起当地警方的注意，直到一场火灾的发生。

1908 年 4 月 28 日，美国印第安纳州拉波特县一座农场发生了火灾，这是一个名叫贝拉的女人的农场。当警察赶到后，只剩下了一片被大火烧过的废墟，在这片废墟中，警察发现了三具女尸，据说是贝拉和两个女儿的尸体，只是贝拉的尸体上少了头颅，所以警方也无法确定这具女尸到底是不是贝拉。但警方可以确定的是，这绝不是一起简单的纵火案，而是一起精心谋划的凶杀案。

在警方对贝拉的农场进行了勘察之后，发现了一个可疑的大垃圾堆，就在猪圈旁边。根据对贝拉佣人的盘问，警察得知贝拉总是往这里扔些旧靴子、猪骨头、咖啡罐什么的，渐渐地就形成了一个大垃圾堆，佣人还告诉警察，在一个月前贝拉命人把这里给堵上了。

警方觉得这个垃圾堆很可疑，便开始进行挖掘，刚开始他们也没发现什么可疑的东西，都是些泥土和常见的垃圾等。但随着挖掘得越来越深，警察闻到了一股难闻的恶臭，并且发现了许多男人用品，例如男性手表、男性外套上的纽扣和男性钱包等。后来，警察便发现了一根人的肋骨，之后发现了更多人的尸体，这些尸体都被肢解了，而且都是男性。这些男性都是来和贝拉相亲的，但贝拉却杀死了他们，把他们随身携带的钱全部拿走，然后把他们的尸体肢解并埋在猪圈旁边。这是一起连环杀人案，而凶手显然就是贝拉，而且贝拉之前所得到的保险金很可能也是她杀害丈夫和子女得来的。

【犯罪心理分析】

女性连环杀手的杀人动机和男性连环杀手有着本质的区别，男性连环杀手的杀人动机往往基于性和暴力，但这两点却很少出现在女性连环杀手身上。大部分女性连环杀手都是为了图财，也就是说经济因素是女性连环杀手杀人的主要目的。

有一种女性连环杀手被称为黑寡妇，是一种十分常见的类型。这种称呼基于一种具有剧烈毒性的蜘蛛，这种蜘蛛在交配后，雌性蜘蛛往往会吃掉雄性蜘蛛，这么做是为抚育下一代积累营养。不过如果黑寡妇在吃饱的情况下和雄性蜘蛛进行交配，就不会吃掉丈夫。

"黑寡妇"所杀害的人通常都与自己有着密切的关系，例如丈夫、孩子和情人等。在杀人手段上通常会选择毒杀。杀人动机就是图财，为了得到被害人的财产或保险金。

第二十五章

女学生杀手——埃德蒙·肯珀

　　普通杀人犯所犯下的杀人罪行，通常都是基于报复的心理，被害人都是凶手的熟人。这些普通杀人犯不会对杀人上瘾，但连环杀手却相反。连环杀手杀人的动机通常都不是因为他和被害人之间有仇有怨，而仅仅是为了冷血的杀戮。连环杀手最喜欢杀害陌生人，这样最容易摆脱警察的调查，让自己避免被捕，然后才能继续杀人。

1948 年 12 月 18 日，埃德蒙·肯珀出生于美国加州，从一出生起肯珀就生活在父母的争吵声中，直到他 9 岁时，这种争吵才停息，因为肯珀的父母离婚了。父母离婚后，肯珀和两个姐姐与母亲一同生活，但母亲却很讨厌肯珀，因为肯珀长得非常像父亲，肯珀每天都会受到母亲不公平的待遇。

与其他男孩不同，肯珀从 10 岁起就开始发育，身型比一般人要庞大很多，所以他总是会受到同龄人的排挤。面对儿子的发育，肯珀的母亲开始变得神经质起来，担心肯珀会强奸自己的女儿，于是就把肯珀赶到地下室居住。每天晚上，肯珀的母亲都会当着他的面搂着女儿离开。这时，肯珀对母亲的怨恨开始变得更加强烈。肯珀觉得自己就是家中一个可有可无的存在，是被母亲孤立起来的。肯珀母亲的这种教育方式在犯罪心理专家看来是变态的，或者说肯珀的母亲本身就处于精神错乱的边缘，她总是在精神错乱时，对儿子进行打骂。肯珀母亲的这种精神错乱症状遗传给了肯珀，让肯珀变成了一个杀人狂。

自从肯珀被关到地下室居住后，他就开始以幻想杀戮来泄愤，总是想象一些血淋淋的场面。最终他把这种幻想变成了现实，家中的两只波斯猫成了肯珀的实验品，肯珀不仅杀死了两只猫，还把两只猫给肢解了。

除了折磨和弄死小动物外，肯珀还十分喜欢和两个妹妹玩死亡游戏，经常割掉妹妹们玩偶的脑袋。后来，肯珀的这种怪异行为被母亲发现了。肯珀的母亲很生气，就把肯珀送到了他的父亲那里，但肯珀的父亲已经再婚，不想要肯珀这个累赘，最终肯珀被送到了祖父母那里。肯珀的祖父母在加州塞拉镇拥有一座农场，但却地处偏远。肯珀很不适应这里的生活，开始变得更加厌烦、焦躁、孤独和古怪。肯珀的祖父为了逗孙子开心，就在闲暇时间教肯珀如何使用枪械。但肯珀的祖父无论如何也想不到，肯珀居然会用学来的射击技术对付自己的祖父母。

肯珀的祖母很不喜欢这个孙子，不仅会责骂肯珀，还会故意讽刺肯珀，肯珀与祖母之间的关系十分紧张。在 1964 年 8 月 27 日，这时肯珀才 15 岁，他终于决定教训一下祖母。早上起床后，肯珀带着枪和自己的狗出门了，对祖母说自己要出去打猎。但很快肯珀就回来了，隔着窗户看到祖母正在收拾东西，然后肯珀就拿着枪对准了祖母的后脑开了一枪，随后肯珀又绕到厨房，拿了把刀不停地捅向祖母。确认祖母死后，肯珀就安静地坐在那里等祖父回来。肯珀的祖父开车去外面办事，回来后完全不知道发生了什么事，就被人从后面给了一枪，射杀他的就是肯珀，这支枪是他送给肯珀的生日礼物。

面对两具尸体，肯珀没有慌乱，而是冷静地给母亲打电话，然后告诉了母亲刚才发生的事情，并按照母亲的吩咐安静地坐在原地，等待母亲和警察的到来。等警察赶到后，肯珀居然对他们说："我只是想看看杀死我祖母会是什么样子。"其实，不停责骂他的祖母让肯珀想到了母亲，所以他一气之下就选择了杀死祖母。而祖父则是一个附属的牺牲品，肯珀在杀死祖母后决定一不做二不休，所以顺便开枪打死了祖父。

最终，年仅 15 岁的肯珀被送到了精神病院，因为精神病医师诊断出他有人格分裂和心理变态。在之后的几年内，肯珀在精神病院表现得很不错，精神病院的医生也都相信肯珀已经痊愈了，不会攻击他人，更不会给人们带来威胁。肯珀在精神病院内就是一个模范病人，可以充当医护人员的助手，这给他接触一些心理学知识提供了便利。肯珀的智商很高，高达 136，相当于天才的智商，所以能够轻易地看懂精神病院内所有的病例数据和测验结果，了解了精神病医生判断人心理状态是否正常的标准，最后肯珀记下了 28 种精神测验的答案。这帮助肯珀通过了精神测验。但心理医生却不认为肯珀已经恢复了正常，觉得肯珀应该继续待在精神病院接受治疗。最终，法院接受了精神病院的建议，让肯珀回到正常人的生活中，就这样，肯珀又回到了母亲身边，此时的肯珀已经是个 21 岁的成年人了，体型远远高于普通人，看起来就好像一个巨人。

心理医生的推断是正确的，在精神病院的这几年内，肯珀学会了欺骗，开始表现得像正常人一样，实际上他的内心依旧是嗜血的。为了赢得他人的信任，肯珀开始注重起仪表和口才。在此期间，肯珀还认识了几个连环强奸犯，肯珀很喜欢听这些强奸犯讲故事，因为他们的故事中充满暴力和性，这正好可以满足肯珀的幻想。但肯珀却看不起这些人，因为他觉得这些人实在太笨了，在作案时留下了太多的证据。肯珀还认为如果换作是他，他一定不会攻击自己认识的女性，因为这样很容易被警察调查，他会选择陌生的女性进行攻击。

普通杀人犯所犯下的杀人罪行，通常都是基于报复的心理，被害人都是凶手的熟人。这些普通杀人犯不会对杀人上瘾，但连环杀手却相反。连环杀手杀人的动机通常都不是因为他和被害人之间有仇有怨，而仅仅是为了冷血的杀戮。连环杀手最喜欢杀害陌生人，这样最容易摆脱警察的调查，让自己避免被捕，然后才能继续杀人。

获得自由的肯珀并未马上作案，而是选择做警察，他喜欢警察这个职业，而且警察这个职业也可以为他的杀手身份打掩护。但肯珀的身型实在太高大了，最终因为身高而被拒绝。不过肯珀也不是毫无收获，他和一些执法人员相处得非常融洽，在这些人的眼中，肯珀是个不错的朋友，但很遗憾肯珀无法成为警察。后来，肯珀获得了一份高速公路巡警的工作，许多执法人员还准备为肯珀庆祝。

但是肯珀在母亲的心中却是个十分恶劣的人，而在肯珀的心中，母亲则是一条疯狗，总是不停地责骂自己，例如嫌弃肯珀牙刷得不干净等。此时，肯珀的母亲刚刚结束了第三段婚姻，并且在加州大学圣克鲁兹分校获得了一份秘书的工作。为了摆脱母亲的羞辱，肯珀也曾想搬出去，但因为经济原因不得不与母亲居住在一起。

肯珀为了避免被母亲责骂，闲暇时总喜欢去一家酒吧，这里有许多警察，他总能和这些警察侃侃而谈，并且轻易地获得警察们的喜爱和尊重，因为警察们总是被肯珀所拥有的丰富的枪械和弹药知识所俘虏。

后来，肯珀花钱买了一辆车，并对这辆车进行了一番改造，看起来就好像一辆警车一样。实际上，这是一辆专门为杀人准备的汽车，乘客座旁边的门被肯珀改造得根本无法从里面打开，一旦有人上了车，那么车门就会封死。在肯珀汽车的后备厢里还有塑料袋、绳子、枪以及一床毛毯，这些都是他为杀人和处理尸体准备的工具。制订好详密的杀人计划后，肯珀就开着车出现在高速公路上，看似漫无目的地到处游荡，实际上肯珀是在寻找猎物，那些愿意搭他车的单身女性就是他的目标。

为了不引起警察的怀疑，在最初的一年内，肯珀并未对搭载的乘客下手，只是单纯地搭载，时不时地和她们聊天。大约一年后，肯珀觉得时机成熟了，杀人行动就正式开始了。

1972 年 5 月 7 日，两名女学生上了肯珀的车，肯珀载着她们，把车开到了一个偏僻的地方，然后就撕下了伪善的面具。肯珀把其中一名女学生塞到了后备厢里，因为他准备先对另一名女学生下手。肯珀把女学生给铐了起来，然后用塑料袋蒙住她的头，想把女学生给闷死，但肯珀却发现女学生在塑料袋上咬了一个洞。肯珀发现后，就拿刀捅死了女学生，最后还割开了这名女学生的喉咙。之后，肯珀把后备箱打开了，那里还有一个大活人。肯珀用手中沾满鲜血的刀子用力地刺向这个女学生，尽管对方拼命地挣扎和求饶，最终还是被肯珀刺死了。连杀两人的肯珀立刻感觉到了心满意足，便开着车转悠了一会儿。最终，肯珀决定把这两具女尸带回家。

回到家后，肯珀把这两具女尸扛回了自己的房间。肯珀扒开了尸体的衣服，然后把两具女尸的头颅都割了下来，一一进行肢解，甚至把被害人的内脏器官掏出来玩耍，还用这些血淋淋的东西做爱，并把这些拍成照片留作纪念。但很快，肯珀的兴奋劲就过去了。厌倦的肯珀开始考虑如何处理尸体，就把这些尸块装进了塑料袋中，但那两颗头颅却被肯珀留了下来。那两袋碎尸被肯珀埋到了附近的山里。肯珀回到家后看到那两颗头颅，觉得这或许会给自己带来麻烦，就把头颅扔到了一条非常偏远的山沟里。

很快，这两个女学生的家属就向警方报案了。对于这两个女学生的失踪案，警方并未重视，只觉得女学生可能和自己的男朋友在一起，不久之后就会主动现身，这在当时也是一种很常见的现象。直到这两个女学生的尸体被发现后，警察才重视起来。8 月，有人在山里发现了一些碎尸，后经证明这是那两名失踪女学生的尸体。

9 月，肯珀又在高速公路上发现了一个猎物，这是个 15 岁的韩国舞蹈演员。当这个女孩上车后，肯珀就对她说自己想要去自杀，只要她能安安静静的，肯珀就会保证她的生命安全。肯珀把女孩带到了一个偏僻的山区，然后把女孩的嘴给封起来，并用手捏住女孩的鼻子，想让女孩窒息而死。女孩在经历了一番挣扎之后便失去了意识，但她还有生命迹象。当肯珀发现女孩醒来后，就再次动手杀死了她。确定女孩死亡后，肯珀实施了奸尸，并把女孩的尸体带回了家。回到家中，肯珀就迫不及待地将尸体肢解开，然后把碎尸放进了塑料袋，并丢弃在不同的地方，但肯珀却留下了女孩的头颅。

第二天，一个心理医生来到了肯珀家中，主要是为了考察肯珀的精神状况。肯珀伪装得十分成功，让心理医生误认为他是个正常人，最终心理医生在肯珀的精神鉴定中写道："肯珀已经不再是自己和他人的威胁了。"事实却是，那个被害女孩的头颅正放在肯珀汽车的后备厢里。接受完心理医生的考察后，肯珀就开车出去，把那颗头颅给埋掉了。不久之后，这名被害人的部分尸体被警方找到，但警方并未意识到这些谋杀案实际上是一起连环杀人案。

1973年1月，肯珀为自己买了把手枪，然后便开着车去高速公路上寻找猎物，一个叫辛迪的女孩上了肯珀的车。辛迪一上车，肯珀就强迫辛迪躺到后备厢里去，然后拿枪打死了辛迪。肯珀把辛迪的尸体带回了家并放在自己的房间里，之后肯珀就睡觉了，因为他得等到天亮，等母亲上班以后才能做自己想做的事情。母亲离开家后，肯珀立刻变得精神起来，不仅兴奋地和辛迪的尸体性交，而且还在浴缸里把辛迪的尸体给肢解了，随后辛迪的尸体被肯珀装到塑料袋里，然后扔到了一个海峡里面。但肯珀却留下了辛迪的头颅，并把这颗头颅埋在了家中的花园里面，正对着自己母亲房间的窗户，肯珀之所以这么安排，是因为母亲曾告诉肯珀，她喜欢别人能够一直仰视她，这样辛迪就会24小时不停地仰视他的母亲了。

辛迪的死让警察开始怀疑上了肯珀，但因为找不到线索，只能放弃逮捕肯珀。肯珀却并未决定收手，在1973年2月，肯珀的车上又搭载了两名女孩。肯珀开了一会儿后，突然对其中一名女孩说，车窗外有个东西，趁着女孩转头看的空当，肯珀拿枪射击了女孩的头部，然后又迅速地朝着另外一名女孩射击。但这名女孩并未马上死去，肯珀只好把车停在路边，又朝着女孩开了几枪。肯珀载着两具女尸回到了家中，那时母亲正好在家，肯珀和母亲只要一见面就会发生剧烈的争吵。和母亲吵架后的肯珀气愤不已，就开车到了一条偏僻的小街上，并在那里卸下了两具女尸的头颅。第二天，肯珀把无头女尸带到了自己的房间里，然后疯狂地和尸体做爱。完事后，肯珀就开始处理尸体。这两具女尸直到一个星期以后才被警方发现。

从1972年最初被害的两名女学生，直到1973年被害的两名女孩，短短的不到一年的时间里，肯珀的手上就葬送了6条人命。由于被害人都是搭车的单身女学生，所以肯珀也有了一个"女学生杀手"的外号。

那么，肯珀是如何让这些被害人信任自己并主动上车的呢？肯珀每次发现目标后，都会主动问对方要到哪里去，然后会看下自己的手表，仿佛在思考自己是否有充足的时间让对方搭车。这样对方往往很容易放松警惕。

之后，肯珀就没有继续寻找自己的猎物了，因为他有了新的目标，即杀死自己的母亲。在 1973 年的 4 月，肯珀决定开始动手。肯珀选择了一个周六的凌晨，这天还是复活节。当时肯珀的母亲正在熟睡中，肯珀拿着一把拔钉锤悄悄地潜入了母亲的卧室内，然后用力地用锤子击打母亲的头部，最后，甚至还用刀子割掉了母亲的喉咙，并且把母亲的喉咙扔到了垃圾道里。后来肯珀主动交代了这么做的原因："这是她罪有应得，这么多年了，她不停地责骂我，她的喉咙就应该待在垃圾桶里。"但由于垃圾道被堵住了，所以当肯珀关门时，喉咙被弹了回来，并打在他的脸上，后来肯珀也向警方提到了这个细节，并自嘲道："就是她死了，也不会放弃侮辱我。没办法，我做不到让她闭嘴。"

随后，肯珀用刀子卸下了母亲的头颅，并且用手捧着母亲的头颅进行口交。完事后，肯珀就把母亲的头颅挂在了墙上，专门用作练飞镖的镖靶。到了晚上时，肯珀不知道是不尽兴还是怕人发现，就打电话给母亲的好友，邀请她来吃饭，并告诉她自己准备了一个惊喜。当母亲好友进入肯珀家中后，肯珀就打晕了她，并用一条围巾勒死了她。随后，肯珀卸下了尸体的脑袋，实施了奸尸，然后和尸体一起睡觉。

睡醒后，肯珀写了一张纸条，这是留给警察的，随后肯珀便开着被害人的车离开了家，但害怕被人怀疑，就在中途换了一辆车。到了科罗拉多州后，肯珀突然停了下来，并用路边的电话给自己在警察局工作的熟人打电话，主动交代了自己的罪行。但对方却不相信肯珀，认为肯珀在开玩笑，因为在当地许多警察的心中，他们不相信肯珀会做这样残忍的事情。尽管大家都知道肯珀在 15 岁的时候开枪射杀了自己的祖父母，但大家更愿意相信那是个意外事件，这么多年过去了，肯珀已经被改造成了好人。随后，肯珀又打了几次电话，并且交代了一些案件细节，最终警察决定逮捕肯珀。

当警察赶到肯珀所交代的地方后，他们发现肯珀不仅没有逃走，反而还安静地等着他们。被捕的肯珀十分配合警察的工作，不仅主动交代和承认了所有的罪行，还带着警察到抛尸地点寻找尸体。后来，肯珀通过了司法精神鉴定，也就是说，他是个正常人，精神没有问题。在法庭上，肯珀企图自杀，曾用圆珠笔戳穿自己的腕动脉，但他并没有死成。最终，肯珀被判犯有一级谋杀罪，需要对8起谋杀案负责。当法官问肯珀对他实施什么样的处罚最合适时，肯珀的答案是"折磨致死"。不过法官并未满足肯珀的愿望，而是判处他终身监禁，不得假释，随后肯珀便被送到了加利福尼亚州的一座监狱中。

【犯罪心理分析】

肯珀在杀人时，会根据不同的心情来选择不同的作案工具，例如匕首、手枪、塑料袋和绳子等都是他的作案工具。在确定被害人死亡后，肯珀不会丢弃尸体，也不会马上掩埋尸体，而是选择把尸体拉回家中，因为肯珀患有恋尸癖，他最大的爱好就是奸尸。

所谓恋尸癖患者，简单点儿说就是有一种人可以从尸体上获得性满足。在研究者看来，恋尸癖患者性交对象有着强烈的支配欲望，这种支配欲望在恋尸癖患者的性满足中占据着相当重要的地位。有的恋尸癖患者会找些假扮尸体的活人进行性活动，恋尸癖患者的要求也很简单，就是要求对方一动不动，如果对方动了，恋尸癖患者就会觉得自己没有占据支配的地位，会认为自己的命令受到了违抗，恋尸癖患者的性交欲望和能力也会因此丧失。所以恋尸癖患者最喜欢的交配对象是尸体，因为尸体可以完全受他的支配，不会出现违抗他的情况。

通常情况下，恋尸癖患者在社会中的地位较为低下，或者是个屡受挫折的失败者，在活人的世界中，他们无法进行支配，所以只能面对尸体。在死人的世界里，恋尸癖患者会觉得自己就是个强大的主宰者，因为尸体不会嘲笑他，更不会违背他的意愿。不过也不是所有屡受挫折的人都会成为恋尸癖患者，恋尸癖患者通常都有明显的精神病或嗅觉障碍。

在医学上，恋尸癖患者也有很多不同的类型，例如杀人型、幻想型、迷恋型，等等。其中迷恋型恋尸癖患者会对尸体的各个部位，皮肤、生殖器、骨骼、内脏等都十分有兴趣，会将尸体的某个部位做成自己喜爱的物品，然后随身使用，例如爱德华·西奥多·盖因就是典型的迷恋型恋尸癖患者。幻想型恋尸癖就是将性幻想对象放在了尸体上，对于普通人来说，性幻想是种正常的现象，但所幻想的对象都是活人，但幻想型恋尸癖患者的幻想对象恰恰是死人。杀人型恋尸癖患者为了满足自己奸尸的欲望，通常都会杀人。显然，肯珀就属于杀人型恋尸癖患者。在肯珀被捕后接受审判的时候，主动交代了自己的杀人动机："在她们活着的时候，对我十分冷漠，不会主动和我分享任何事情。但当她们死了，我就可以确定她们完全属于我了，除了杀死她们之外，我想不到其他能留下她们的办法。"

肯珀之所以总是找女性下手，还有一个十分重要的原因，那就是肯珀的母亲。肯珀每次杀这些女性的时候，都能想到自己的母亲，最后肯珀确实杀死了母亲。后来肯珀也交代，自己杀人也是完全按照母亲的意愿行事，因为母亲曾告诉他，那些女学生永远也不会看上他。肯珀相信了母亲，所以就杀死了她们。

肯珀的智商是属于天才范畴的，后来他被关进监狱后，成了监狱内的模范犯人，经常研究心理学著作，希望能分析自己的心理和行为。但是高智商并未给肯珀带来优势，他总因为身材过于高大而受到周围人的排斥和歧视。在家庭教育中，强势的母亲也会对他冷嘲热讽。随着年龄的增长，肯珀开始试图摆脱强势母亲的控制，希望能获得支配地位和尊重。其实在杀死母亲之前，肯珀就经常幻想着用锤子砸死母亲，并且还拿着锤子偷偷潜入母亲的卧室中，但一直都没鼓起勇气动手。后来，肯珀终于把这种幻想变成了现实。

在肯珀所犯下的所有谋杀案中，肯珀都是在被害人死后才进行了肢解，也就是说他杀人的目的并不是为了享受折磨人的感觉，而仅仅是通过这种杀人和肢解尸体的方式来获得支配地位和拥有对方，在肯珀看来能够随意支配被害人的尸体，才算得上真正拥有了她们。

在肯珀从精神病院出来后，他曾经想成为一名警察。这也是许多连环杀手的梦想，因为这样不仅可以满足自己的支配欲望，而且还可以了解谋杀案的调查进度，可以帮助自己应对警方的调查。许多连环杀手还喜欢把自己的车改造成警车的样子，或直接驾驶报废的警车。

被捕后的肯珀自然引起了许多人的好奇，FBI 行为科学部的约翰·道格拉斯也对肯珀很有兴趣，并和肯珀见面、交谈。在道格拉斯的眼中，肯珀是个非常冷静的人，只有在提到母亲时才会带有感情色彩，尤其是提到母亲对他的虐待时。虽然道格拉斯觉得肯珀不会对被害人愧疚，非常冷血，但道格拉斯却不得不承认肯珀是个很受人欢迎的人，他也很喜欢这个开朗又幽默的人。道格拉斯甚至还说，不论别人说什么，在我看来和肯珀交谈是种很不错的、愉快的体验。

第二十六章

迷人外表下的邪恶——焦哈尔·察尔纳耶夫

《滚石》杂志颠覆了许多人对恐怖分子和精神变态者的固有印象，在许多人心中恐怖分子或杀手都是可怕而且疯狂的，我们需要远远地躲开。但事实上，有不少杀手都是外表迷人的，会轻易地赢得他人的信任和喜爱，但人们不知道的是，在这样迷人的外表下是邪恶而疯狂的内心。

2013 年 4 月 19 日，美国警方在沃特敦抓捕了波士顿爆炸案和麻省理工学院枪击案嫌犯之一焦哈尔·察尔纳耶夫，此时察尔纳耶夫才 20 岁。察尔纳耶夫在 1993 年 7 月 22 日出生于吉尔吉斯斯坦，他的童年是在北高加索地区度过的，那是一片十分动荡的地区。在察尔纳耶夫 8 岁时跟着父母以难民的身份前往美国的波士顿居住，并且在 2012 年 9 月 11 日获得了美国国籍。

在同学们的眼中，察尔纳耶夫是个性格内向而且温和的男孩，十分受欢迎。察尔纳耶夫在学校的表现也很不错，在高中时曾担任过摔跤队队长，并且在高中毕业时因为品学兼优获得了 2500 美元奖学金。后来，察尔纳耶夫便进入麻省大学达特茅斯分校接受教育，并在 2013 年 4 月 15 日和哥哥塔梅尔兰一起制造了震惊世界的波士顿爆炸案。在察尔纳耶夫被捕之后，他的朋友们都很震惊，不相信察尔纳耶夫居然会犯下这么大的案子。

2013 年 7 月 10 日，察尔纳耶夫出庭接受审判，接受审判前察尔纳耶夫还和自己的家人进行了吻别。美国联邦陪审团指控察尔纳耶夫使用大规模杀伤性武器致人死亡、对公共场所实施爆炸致人死亡等罪名，这些罪名都十分严重，会被判处死刑。另外一些罪名则会被判处终身监禁。但是对于这些罪名，察尔纳耶夫都否认了。

2013 年 4 月 15 日，波士顿正在举办马拉松比赛，许多人都聚集在赛场，但现场突然发生了爆炸，造成了 3 人遇难，这 3 名遇难者中还有一名是中国留学生，此外还造成了 260 多人受伤。经过美国联邦调查局的一番调查后，察尔纳耶夫兄弟被认为是这起爆炸案的最大嫌疑犯。此外，麻省理工学院校警科里尔的死也与察尔纳耶夫兄弟脱离不了关系。

在爆炸案发生的当天，察尔纳耶夫和哥哥塔梅尔兰·萨纳耶夫一起在波士顿的市中心安放了爆炸物，而且还安放了两个地点。当爆炸发生后，察尔纳耶夫和哥哥便被警方追捕，在逃命的过程中，察尔纳耶夫本来想开车撞向警察，但却误撞了哥哥，直接导致了塔梅尔兰·萨纳耶夫的当场死亡。

在这场爆炸案发生后，波士顿市市长梅尼诺公开表示："应该把爆炸案的犯人永远关进大牢，然后扔掉大牢的钥匙。"也就是说，市长梅尼诺比较支持终身监禁这种惩罚，而不是死刑。

2015年4月22日，关于察尔纳耶夫的第二阶段的庭审开始了。在开庭期间，美国媒体曝光了一段和察尔纳耶夫有关的视频，视频中察尔纳耶夫竖起了中指，这是一种鄙视和具有侮辱意味的手势。检方也抓住了这点，认为察尔纳耶夫的此种举动表示他对自己所犯下的严重罪行毫无悔过之心。在公众看来，察尔纳耶夫则是个冷酷的犯罪分子，应该被判处死刑或被终身监禁、不得假释。

在接受审判的时候，察尔纳耶夫表现得非常冷漠，甚至显得有点儿呆滞，面无表情的察尔纳耶夫一直盯着被告席，只是偶尔抬头看前面，很少出现情绪化的行为，直到看到情绪激动的姨妈后才开始用纸巾反复擦拭自己的眼睛，后来直接用手擦拭眼睛，甚至躺在了椅背上。察尔纳耶夫的姨妈帕蒂马特·苏莱曼诺娃已经64岁了，专门从外地赶到波士顿参加察尔纳耶夫的审判。当苏莱曼诺娃看到察尔纳耶夫后，就开始激动得哭泣，甚至无法控制自己，法官也不得不要求苏莱曼诺娃控制好自己的情绪。

2015年5月15日，关于察尔纳耶夫的审判又开始了，这次的美国联邦陪审团是由7名女性陪审员和5名男性陪审员组成的。此时，察尔纳耶夫也不再否认对自己的指控，而是为自己辩护，说自己是受到了哥哥塔梅尔兰·萨纳耶夫的影响。不论怎样，关于察尔纳耶夫的惩罚是轻不了的，要么死刑，要么终身监禁。美国联邦检察官则宣布寻求判处察尔纳耶夫死刑。最终察尔纳耶夫被判处死刑。

不过察尔纳耶夫并未马上被执行死刑，因为察尔纳耶夫的律师建议察尔纳耶夫提起上诉，这样即使上诉没有成功，察尔纳耶夫也能多活19年，因为美国的上诉程序十分复杂，在死刑犯提起上诉期间，是不能被执行死刑的。

对于察尔纳耶夫这个恐怖分子来说，能活到中年后再死，算得上是一种幸运，也算是钻了美国法律的空子。但一些美国网友却认为这是一种双重惩罚，毕竟察尔纳耶夫之后的日子都得在监狱里度过，而且作为一个危险的犯罪分子，他还会享有最高安全等级的单人牢房。但总有一天，察尔纳耶夫会被送上刑场，接受注射死刑。

2015 年 6 月 24 日，在美国联邦检察官正式宣布波士顿马拉松爆炸案凶手焦哈尔·察尔纳耶夫被判处死刑时，察尔纳耶夫却突然表现出了悔过的姿态："实在对不起。你们让我知道了自己所做的事情是令人难以忍受的，如今我很后悔夺走了那些无辜者的生命，我也很抱歉给被害人的家属带来了伤痛。我会为你们和被害人祈祷，希望你们能健康和尽快从痛苦中走出来。"察尔纳耶夫表现得很真诚，不仅不敢抬头和被害人家属对视，而且忏悔的声音也在颤抖。

【犯罪心理分析】

因为波士顿爆炸案，察尔纳耶夫一时间成了名人，甚至登上了美国《滚石》杂志的封面。《滚石》杂志封面选择了一张察尔纳耶夫略显忧郁的照片，本以为可以增加杂志的销量，但却遭到了民众的批评。不少人都认为《滚石》杂志的这种做法有欠妥当，让察尔纳耶夫这个臭名昭著的恐怖分子变成了名流人物，是对遇难者家属的不尊重。为此，不少商店都拒绝出售《滚石》的这期杂志。

不过，《华盛顿邮报》的编辑埃里克·威尔伯却提出了不同的看法，这张照片可以告诉我们，其实恐怖分子就在我们周围，是个看起来温柔帅气的人，而不是那种穷凶极恶的长相。

在现实生活中，察尔纳耶夫确实有两副不同的面孔。在周围人的眼中，察尔纳耶夫不仅品学兼优，而且温和帅气。但实际上察尔纳耶夫的内在世界却是野蛮而邪恶的。总的来说，察尔纳耶夫就是个怪物，而且就生活在我们周围，不被我们所警觉。

在《滚石》的这期杂志里，还有一篇和察尔纳耶夫相关的报道，这篇报道是一个名叫珍妮·瑞特曼的编辑撰写的。瑞特曼为了撰写这篇报道，还专门花了两个月的时间对察尔纳耶夫进行了一番调查。因为瑞特曼想写出察尔纳耶夫是如何从一个温和的男孩变成一个恐怖分子的。

在这篇报道中，瑞特曼提到了一个激进的宗教团体，察尔纳耶夫就是这个团体的成员，这个团体给察尔纳耶夫造成了深刻的影响。甚至可以说，察尔纳耶夫如果不接触这个激进宗教团体，那么他就不会成为恐怖分子。

虽然外界有许多批评声，但依旧没有让《滚石》杂志的编辑放弃对察尔纳耶夫进行报道，尽管《滚石》杂志的主要领域是音乐和文化。不过《滚石》的编辑们也没有否认这个封面和报道会带来某些负面的影响，因为封面上的察尔纳耶夫很帅气，这样的相貌会吸引一大群年轻女粉丝，这些粉丝会沉溺于察尔纳耶夫的外貌，甚至会怜悯理应受罚的察尔纳耶夫。

总之，《滚石》杂志颠覆了许多人对恐怖分子和精神变态者的固有印象，在许多人心中恐怖分子或杀手都是可怕而且疯狂的，我们需要远远地躲开。但事实上，有不少杀手都是外表迷人的，会轻易地赢得他人的信任和喜爱，但人们不知道的是，在这样迷人的外表下是邪恶而疯狂的内心。

第二十七章

种族主义杀手——约瑟夫·保罗·富兰克林

　　使命型连环杀手极具组织性，在挑选目标时都会很慎重，通常不会误伤目标以外的人。在选择了目标后，使命型杀手就会跟踪，就好像富兰克林也会跟踪目标，然后选择狙击地点，而且富兰克林所携带的步枪都有瞄准器，这样可以帮助富兰克林迅速地完成射杀任务。

约瑟夫·保罗·富兰克林的原名叫詹姆斯·克莱顿·沃恩，出生于亚拉巴马州一个贫困的家庭，在家中排行老二。在富兰克林看来，自己之所以走上了残忍的连环杀手的道路与童年时期遭受的虐待有着密切的联系。

在富兰克林的童年生活中，经常被父亲体罚，也得不到母亲的关爱，因为富兰克林的妈妈总是把他们锁起来，不让他们和其他孩子一起玩。而且由于家庭贫困，孩子也比较多，富兰克林一家吃得也很差劲。在富兰克林看来，正是父母的这种虐待，让他产生了仇恨和报复的心理，比其他同龄的孩子晚成熟了10年。

据富兰克林的妹妹交代，富兰克林小时候总沉浸在童话书或故事书里，并认为只有这样才能感觉到世界的不同，在富兰克林的心里有两个不同的世界，一个是残酷的现实世界，另一个则是精彩的童话或故事世界。随着年龄的增长，富兰克林变得越来越偏执，心底有着一种根深蒂固的仇恨，并且渴望能进行报复。

有一次，富兰克林偶尔看到了白人至上团体的海报和宣传手册，他立刻提起了兴趣，并加入了这个白人至上的团体，还在这个团体中找到了归属感，好像回家一样。

白人至上团体实际上是一种新纳粹主义，奉行种族主义，在这些团体成员看来，除了白种人之外，剩下的种族都是劣等民族，应该被剔除，给优秀人种留下空间。在白人至上团体中，富兰克林可谓是如鱼得水，成了一名"斗志昂扬"的种族主义者，极具侵略性。后来富兰克林还加入了一些更加极端的组织，例如三K党。

富兰克林26岁时决定为自己改名，他不想叫詹姆斯·克莱顿·沃恩这个名字了。因为纳粹宣传部长的名字叫保罗·约瑟夫·戈培尔，所以富兰克林为了向纳粹致敬，就把名字改成了约瑟夫·保罗，而姓氏则选择了美国的建国者本杰明·富兰克林。也就是说，约瑟夫·保罗·富兰克林这个名字是保罗·约瑟夫·戈培尔和本杰明·富兰克林的合二为一。此外，富兰克林还十分崇拜查尔斯·曼森，并想在手臂上文上与曼森有关的内容，但因为遭到了文身师的拒绝而只好罢手。

有一次，富兰克林偶尔看到了希特勒的自传《我的奋斗》，大受鼓舞，便决定把仇恨转化为行动。在富兰克林被捕之后，他提到了《我的奋斗》这本书对他的影响："看《我的奋斗》时，我的脑袋中突然出现了一种奇怪的想法，这种想法在我读其他书籍的时候从未出现过。"富兰克林开始策划一起爆炸案。

最先被引爆的地方是美国田纳西州东南部城市查特努加市的犹太人教堂。这起爆炸案在当时引起了不小的轰动，甚至也引来了美国联邦调查局的介入。不久之后，罗克维尔市也发生了爆炸，但并未造成人员伤亡。随后在印第安纳波利斯（美国印第安纳州首府）和韦恩堡（印第安纳州东北部城市）却造成了多人伤亡，而这些爆炸案，富兰克林都参与了策划。

在富兰克林被捕之后，承认了自己曾参与这些爆炸案，并告诉警方自己的作案动机："我们在选择爆炸地点时总是以犹太教堂作为袭击的目标，因为这样可以实现我们清除犹太人的目的。"除了爆炸案之外，富兰克林开始进行远距离的狙杀。

在决定狙杀某个无辜者之前，富兰克林都会选择好目标，然后跟踪目标，等到了晚上，如果目标是孤身一人的话，富兰克林就会选择下手，用狙击步枪进行远距离的射杀。因为富兰克林的枪法有限，不能做到一枪毙命，所以为了确保目标人物被打死，经常会连开好几枪，觉得目标人物已经死亡后，富兰克林就会马上离开案发现场。

1977 年，富兰克林在威斯康星州遇到了一对情侣——阿方斯·曼宁和托尼·斯彻温，他们是对跨种族的恋人，肤色不同。这引起了富兰克林的不满，于是他决定出手除掉他们。

1978 年，富兰克林看到了一本成人杂志《好色客》，上面刊登的一张大尺度色情照引起了富兰克林的不满，因为上面的主角是一名黑人男子和一名白人女子。在富兰克林看来，婚姻就应该是白人跟白人，黑人跟黑人，印第安人跟印第安人，亚裔跟亚裔，跨种族的婚姻和恋爱是令人恶心的。于是富兰克林便决定杀死《好色客》的老板拉瑞·弗林特。

富兰克林为了寻找下手的机会，跟踪了弗林特很长时间。1978 年 3 月

6 日，这天弗林特要和律师一起到佐治亚州的劳伦斯维尔法庭打官司，当时富兰克林也跟着弗林特来到这里，并寻找下手的机会。

等弗林特从法庭中出来后，就被躲藏在街边的富兰克林袭击了，因为富兰克林的目标是弗林特，所以弗林特的律师只是胳膊受了点儿轻伤。但弗林特却身受重伤，因为子弹从弗林特的胃部穿过，伤到了弗林特的脊椎，这种伤害是永久性的，造成了弗林特的下半身瘫痪，虽然弗林特捡回了一条命，但余生都得在轮椅上度过了。

因为脊椎受创，在最初的一段时间内，弗林特每天都要忍受强烈的疼痛感，有时候甚至得服用止痛药，渐渐地，弗林特开始对止痛药上瘾。最终弗林特决定接受手术，切除了受影响的神经。从此之后，弗林特才不用每天都受到剧痛的折磨。但因为之前弗林特服用了大量的止痛药，导致了中风，留下了说话困难的毛病。

不久之后，又有一名女大学生死在了富兰克林的枪下。富兰克林杀死这名女大学生的理由也和之前一样，因为这位女大学生说自己曾和一个牙买加人约会，这种跨种族的恋爱轻易地激怒了富兰克林，所以他就下手了。

在辛辛那提，富兰克林又跟踪上了一对夫妇，这对夫妇的肤色不同，他们的婚姻是跨种族的。但在等待的过程中，有两个孩子走了过来，是 3 岁的埃文斯和他 14 岁的表哥莱恩，这两个孩子的肤色在富兰克林看起来很费解，于是就朝着他们开枪了，并且连开了好几枪，在确保两个孩子死亡后，富兰克林才离开了案发现场。不久之后，富兰克林就后悔了，这是他第一次出现内疚的心理，觉得自己不该向两个孩子下手。

1980 年富兰克林被捕了，在监狱中，富兰克林老实交代了自己的罪行，并且承认自己杀害了 20 多人，但这只是个大概数据，因为富兰克林也记不清到底有多少人死于他的枪下。但是被富兰克林杀死的人大都是有色人种，因为富兰克林的杀人动机就是"开展种族战争"。自始至终，富兰克林都没有对自己的所作所为感到内疚，在他看来所有的犹太人都该死，有色人种就应该给白色人种腾出生存的空间。

在庭审中，富兰克林被控告需要对密苏里州东部城市圣路易斯的凶杀案负责，此外还有另外 7 起谋杀案与富兰克林有关，最终富兰克林被判处死刑，并押往密苏里州邦泰勒市的监狱。但这个死刑的执行却在 30 多年以后，最终富兰克林被注射药物执行死刑。

在正式接受死刑之前，多家媒体都采访了富兰克林，并询问他的感受。当时富兰克林戴着手铐并隔着玻璃接受记者的采访，平静地回答了许多记者的问题，并且对记者说，尽管他的死期就要来了，但他一点儿也不觉得害怕，因为他在监狱中读了许多书，已经治好了变态的心理，他已经成了一个正常人，不再是个危险的种族主义者。

富兰克林表示他已经明确知道了自己死刑执行的日期和时间，对此富兰克林表示这是神的旨意，尽管自己不想死，但依旧会虔诚地接受神的旨意。富兰克林表示自己已经进行了忏悔，而且神也接受了，在死后自己会进入天堂，他的生命不会因为死亡而终止。

在记者提到那些被害人时，平静的富兰克林的情绪开始出现波动，与之前的面无表情形成了强烈的反差。富兰克林承认了自己的罪行，并且表示自己在杀人时，会把自己看成是越南战场上的一名白人士兵，美国是他的"战场"，而自己则是一名受过良好训练的"狙击手"，那些有色人种，例如犹太人和黑人以及跨种族的婚姻和恋爱则是他的"敌人"。

在接受死刑的时候，富兰克林表现得十分平静，没有拒绝最后的晚餐，也没有在接受死刑前发表任何书面声明。在前往死刑执行室的过程中，富兰克林也表现得很平静，一声不吭地跟着执法人员，在接受注射前没有留下任何遗言。

邦泰勒市监狱给富兰克林准备了一种镇定药物，这种药物会以注射的方式进入富兰克林的血液。在注射药物后不久，富兰克林就出现了呼吸困难的情况，开始大口地喘气，但很快就停止了，没有了生命迹象。

【犯罪心理分析】

富兰克林属于使命型连环杀手，在富兰克林看来，那些有色人种都该死，在选择被害人时，他受到了所谓信仰的影响，富兰克林甚至认为自己身处一场战争中，而这场战争则关乎白种人的存亡。富兰克林想利用杀人来挑起一场种族战争。这也是使命型杀手的特点之一，只以特定人群为目标，除了富兰克林这样的种族主义杀手外，妓女、同性恋、流浪汉等也都会成为使命型杀手的目标。

使命型连环杀手极具组织性，在挑选目标时都会很慎重，通常不会误伤目标以外的人。在选择了目标后，使命型杀手就会跟踪，就好像富兰克林也会跟踪目标，然后选择狙击地点，而且富兰克林所携带的步枪都有瞄准器，这样可以帮助富兰克林迅速地完成射杀任务。

富兰克林在杀人后，通常都会迅速地离开现场，不会性侵被害人，也不会肢解尸体，这也是使命型连环杀手的特点之一。他们这么做就是因为仇恨被害人，并且不想和被害人有过多的肢体接触。

此外，使命型连环杀手还是属于某个团体组织的成员。富兰克林就加入了白人至上的激进团体，他也曾提到过自己想借着杀人为其他的团体成员树立榜样，并认为只要自己动手，其他的团体成员也会马上跟着动手。

第二十八章

儿童的噩梦——亚伯特·费雪

　　幻想型杀手在小时候表现得还算正常，但随着年龄的增长，他的内心会变得越来越变态，通常会在刚刚成年时就已经表现出来。幻想型杀手的杀人动机也和其他连环杀手不同，他的杀人动机不来自于外界，而来自于内心的声音，他们会觉得有个声音在告诉自己应该怎么做，并且意识不到这种声音实际上就是自己的幻想，现实中根本就不存在。

　　1928 年，一个 58 岁的老人亚伯特·费雪自称是法兰克·霍华，找到了巴德一家。原来，巴德为了给孩子找工作，并在报纸上刊登了相关的启事。费雪看到后，主动找到巴德一家，说可以为孩子提供一份不错的工作。渐渐地，费雪赢得了巴德一家人的信任，并被邀请共进午餐。在吃完饭后，费雪假装要离开，然后突然回身对巴德夫妇说，自己将要去参加一个小侄女的生日派对，小侄女的年龄与巴德夫妇的女儿葛瑞丝相仿，就问葛瑞丝想不想去，葛瑞丝一听有派对，表示自己很想去，而巴德夫妇也同意了，但葛瑞丝却再也没有回来。

　　6 年后，巴德夫妇收到了一封信，这封信就是费雪写的。费雪在这封信中叙述了杀害葛瑞丝的过程："我有一个朋友名叫约翰，他曾做过水手，到过中国香港。那时候，中国正在闹饥荒，许多穷苦的人都很饥饿，有些人会易子而食，把 10 岁以下的孩子卖掉或吃掉，所以在那时小孩子是不能轻易上街的，会有被偷走吃掉的危险。约翰在那里品尝到了人肉的滋味，他对我说，那种滋味是难见的人间美味。回到美国后，他绑架了两个男孩，然后把他们烤着吃了。约翰不停地向我炫耀人肉的美味，所以我也想尝尝。然后我就带走了你们的葛瑞丝。吃午餐的时候，我就决定吃掉葛瑞丝，所以就以派对为借口带走了葛瑞丝。我把葛瑞丝带到了一个空房子中，然后让她自己在外面玩，我在屋子里脱光了衣服，因为我怕衣服上溅到血。然后我就躲在衣柜中等着她上来。当葛瑞丝进来后，我突然出现。葛瑞丝看到我脱光了衣服就开始不停地哭，跑下去喊着要找妈妈。最后我抓住了她，扒光了她的衣服，然后掐死了她。我把葛瑞丝带回家中吃了，吃了许多天才吃完。但我没有强奸葛瑞丝。"

　　巴德夫妇把这封信交给了当地警方，警察根据信封上头的标记进行了搜查，并且锁定了一个名叫费雪的老人，逮捕了他。经过一番调查后，警察震惊了，别看费雪表面上是个慈祥的老头，实际上他是个专门对儿童下手的变态杀手，除了猥亵儿童，还谋杀了不少儿童。其实费雪从很小的时候，就已经表现出了变态妄想的倾向，曾被送到了精神病院，但那里的治疗并未产生效果，随着年龄的增长，费雪的心理变态越来越严重。

费雪出生在华盛顿，他出生的时候父亲已经 75 岁了，父亲比母亲大 43 岁。费雪是家中最小的孩子，他有两个哥哥和一个姐姐。费雪的一个哥哥死于脑积水，另一个哥哥则待在精神病院里。除此之外，费雪的姐姐也患有精神疾病，他的妈妈有时也会在嗅觉和视觉上出现幻觉。而费雪的叔叔则有宗教狂热症。总之费雪的家族有精神病史，有不少近亲都被各种各样的精神疾病所折磨。

在费雪出生之前，他的父亲是个船长，之后便改行做起了化肥生产。高龄的父亲自然无法照顾费雪，所以照顾孩子的重担便落在了母亲的身上。费雪的母亲在大儿子去世之后，就决定出去找工作，但这时费雪还非常年幼，便被送到了华盛顿的圣约翰孤儿院。

在孤儿院里，费雪和所有的男孩一样都遭受了虐待，会一起脱光衣服被老师们抽打。渐渐地，费雪不仅适应了这种虐待，反而开始享受，并觉得这样会让他感到兴奋，但费雪却因此被其他孩子嘲笑。

10 岁时，费雪离开了孤儿院，和母亲一起生活，因为母亲在政府机关找了一份工作，可以照顾费雪了。12 岁时，费雪跟着朋友一起去公共澡堂洗澡。从此费雪就爱上了公共澡堂，因为在那里可以看到许多裸体男孩。此外，费雪还很喜欢给婚庆公告和私人广告上提到的名字写黄色信件，并因此得了一个"大色鬼"的外号。

20 岁时，费雪一个人来到纽约，并成了男妓。此时的费雪开始对男童下手，除了猥亵男童外，还会鸡奸男童。尽管费雪后来和一个小他 9 岁的女孩结了婚，并有了孩子，但还是没有改掉猥亵男孩的习惯，被费雪威胁的男孩年龄一般都很小，不会超过 6 岁。

有一次，费雪和一个男性朋友去蜡像馆，并被一根被切成两截的阴茎所吸引，由此发展成了阉割癖，每天都会病态地幻想着如何切割男性的阴茎。很快，费雪就把这种幻想变成了现实。

费雪交了个男朋友，是个弱智。费雪决定在这个弱智男人身上试试阉割，便把男子包裹起来，就在费雪准备下手进行阉割的时候，那个男人突然尖叫起来。费雪吓住了，扔给了这个男人 10 美元后匆匆离开了。

没有了男朋友，费雪开始不停地光顾妓院，在那里他要求妓女鞭打他，这样可以让费雪体验到受虐的快感。不久之后，费雪就被捕了，并且被关押在纽约州的监狱里，因为费雪盗用了公款。

1917 年，费雪的老婆离开了费雪和 6 个孩子。这一次，费雪感觉自己被抛弃了，不久之后便出现了幻听。有一次，费雪听到了圣徒约翰的指令，把自己裹在毛毯里。费雪开始不停地自虐和自残，他会把钉子钉入自己的腹股沟，过段时间就会把钉子拔出来。后来费雪在自残的时候越来越用力，把钉子钉得太深了，自己根本拔不出来，只好找医生帮忙，X 光片显示费雪的骨盆处至少有 29 根钉子。除了钉子之外，锤子也是费雪经常使用的自虐工具，据说费雪曾用锤子反复地击打过自己。

虽然费雪杀害过不少儿童，但却从未对自己的 6 个子女下手，在子女和妻子的心中，费雪都是个负责任的父亲。虽然费雪有精神疾病，但在被捕之后却能清晰地交代自己的罪行。最终医生给出了诊断，费雪是个有偏执狂倾向的精神疾病患者，除了有幻觉和幻听之外，还对惩罚、罪孽、宗教和凌虐等理念有着扭曲的认识。当警察问费雪为什么要自虐时，费雪说："虽然在你们的眼中，我就是个变态杀人魔，是儿童的噩梦，但我却觉得自己做的都是对的。如果我做错了，上帝就会派天使来惩罚我，我就会自虐，这是我应得的。"

最终，费雪被判处死刑，并被送上了电椅。据说在执行死刑时，费雪并没有恐惧，眼神中反而透露着期待，表情也是令人毛骨悚然的愉悦。在执法人员把费雪送上电椅并勒紧绑带时，费雪甚至迫不及待地帮助执法人员绑住自己。

【犯罪心理分析】

在所有的连环杀手类型中，有一种类型是幻想型杀手。幻想型杀手通常都患有精神病，有的幻想杀手甚至患有严重的精神分裂症和精神错乱。虽然费雪的童年曾在孤儿院度过一段时间，在那里遭受了一定的虐待，但这显然不是费雪杀人的主要原因。他杀人的主要原因是他的精神状态不正常。费雪的家族成员中有不少人都有精神疾病或者是先天智力低下。费雪和其他的哥哥姐姐比起来，还算是个正常的人，能正常地工作和结婚，甚至还有6个孩子。

幻想型杀手在小时候表现得还算正常，但随着年龄的增长，他的内心会变得越来越变态，通常会在刚刚成年时就已经表现出来。幻想型杀手的杀人动机也和其他连环杀手不同，他的杀人动机不来自于外界，而来自于内心的声音，他们会觉得有个声音在告诉自己应该怎么做，并且意识不到这种声音实际上就是自己的幻想，现实中根本就不存在。

通常情况下，幻想型杀手都会表现得非常混乱，杀人之前不会有周密的计划，也不会主动选择被害人，谁碰到他们算是倒霉。但费雪显然就好多了，他的精神状态没有那么混乱，会主动地配合寻找一些被害人，尽量减少警察的调查工作。

第二十九章

杜塞尔多夫的吸血鬼——彼得·库尔滕

　　和许多连环杀手一样，童年时期的库尔滕也是受害者。他的父亲是个十分暴力的人，总是虐待8个孩子，还会当着孩子的面强奸他们的母亲，库尔滕后来这样评价父母的夫妻生活："如果他们没有结婚，那根本就是强奸。"后来，库尔滕的父亲甚至还和女儿发生了乱伦关系。尽管库尔滕十分不耻父亲的行为，但他后来也变成了像父亲那样的人，甚至强奸了13岁的姐姐。

1913年5月25日，德国的科隆市发生了一起残忍的杀人案，凶手便是彼得·库尔滕。在杀人之前，库尔滕曾因为盗窃和纵火罪被关进监狱，这些罪行算是刑法中较轻的罪行，但库尔滕却因此被关了24年，为此库尔滕十分仇恨社会，认为自己遭受了不公平的待遇。

在库尔滕年轻时，他十分讨厌监狱中没有自由的生活。但渐渐地，库尔滕就适应了监狱的生活，并且还喜欢上了监狱，认为自己可以在牢房里获得大把的闲暇时间，他可以利用这些时间做白日梦，让自己每天都沉浸在虐待人的幻想中。

后来，库尔滕为了让狱警处罚自己单独关禁闭，还故意挑衅狱警。单独禁闭是一种很严重的惩罚，因为许多人都无法忍受那种孤独和寂寞。但库尔滕却不会，因为他可以不受打扰地沉浸在幻想之中，尽管这种幻想的场面十分血腥，但库尔滕却乐此不疲。

在从监狱中出来后，库尔滕就干起了偷窃的勾当，专门针对一些酒吧和小饭馆下手。这天晚上，库尔滕看好了一家小饭馆，然后上了二楼，库尔滕轻易地打开了房门，但并未发现什么财物。就在库尔滕准备离开的时候，突然看见床上躺着一个十来岁的小女孩，小女孩正在熟睡之中。库尔滕就鬼使神差地走近了小女孩，并伸出手掐住了小女孩的脖子，感到窒息的小女孩很快清醒过来，并不停地挣扎，但她根本不可能是库尔滕的对手，在挣扎了一会儿后就失去了知觉。

意识到小女孩失去知觉后，库尔滕就拿出了一把小刀，并用它割断了小女孩的喉咙，血一下子喷涌而出，溅得到处都是。大约两三分钟后，血液的喷涌才渐渐停止。之后，库尔滕就离开了，回到了杜塞尔多夫的家中。很快，小女孩的尸体被发现了，除了喉咙上的伤口外，人们还发现小女孩的舌头也被咬烂了。

随后，警方便对这起案件进行了调查，但因为证据非常有限，最后虽然锁定了一个嫌疑人，但并未怀疑到库尔滕的身上。不过这起案件在当地引起了不小的轰动，人们纷纷谴责凶手的残忍。库尔滕则隐藏在围观群众中，津津有味地听别人说自己所犯下的可怖罪行。

在此期间，库尔滕被捕了，他是因为抢劫罪被捕的，一直到 1921 年才恢复了自由。出狱后，库尔滕认识了一个名叫舒尔特的妓女，并和舒尔特结了婚。虽然舒尔特是个妓女，但库尔滕却对妻子非常忠诚，十分钦佩妻子的坚强。后来库尔滕便在一家工厂找到了一份稳定的工作，开始在工会圈子内大受欢迎。

4 年之后，库尔滕再次回到了杜塞尔多夫，他有了杀人的冲动。对此，库尔滕归因于命运，他还说他的到来会令杜塞尔多夫的夕阳如血，这对库尔滕来说是一种十分兴奋的体验。

1929 年 2 月 9 日，有人在树篱下发现了一个 8 岁女孩的尸体，女孩的尸体已经变得惨不忍睹了，身中 13 刀，尸体还有被焚烧过的痕迹。这名女孩应该被凶手性侵过，因为警方在女孩的内裤中发现了精液。在库尔滕被捕后，他叙述了这次杀人的过程："我捅了她许多刀，然后往她身上浇汽油，看着火苗从她身上蹿起来的那一刻，我兴奋极了。"

不久前，还有一位女性受到了攻击，被一个男人刺中了 24 刀，当时凶手就逃走了。除了杀人之外，库尔滕还十分喜欢重返案发现场，因为这样会让他找到新的刺激感。

就在当地警方以为凶手只袭击女性的时候，一具男尸被发现了，死者是个 45 岁的技工，身上和头上被刺了 20 余刀。在尸体被发现的第二天，库尔滕伪装成路人返回案发现场，还主动和警察聊天。

最终，警察锁定了一名嫌疑犯人，这是个智障的男人，他居然主动承认了所有的罪行，最后被送到了精神病院。就在当地警方觉得这一系列案件已经结束的时候，库尔滕又动手了，新发的谋杀案让警方意识到，真凶依旧逍遥法外。

和许多连环杀手一样，库尔滕也开始对杀人上瘾，而且杀人的手段越来越残忍，还会喝死者的血。库尔滕的出现给杜塞尔多夫带来了巨大的恐慌，有人甚至把库尔滕和英国的开膛手杰克相提并论。实际上，库尔滕比开膛手杰克更残忍。开膛手杰克只会对妓女下手，而库尔滕则是来者不拒，男人、妇女、孩子和动物都会成为库尔滕的目标，他滥杀任何能见到的生物。而且库尔滕已经失去了控制，变得疯狂。

　　因为被害人越来越多，而且凶手的作案手段也不一致，警方开始怀疑凶手很有可能不止一个人。直到库尔滕被捕之后，警方才从他的交代中得知了这些凶杀案的凶手只有一个，那就是库尔滕。

　　1930年5月14日，家庭女佣玛利亚·布德列克在火车站的站台上遇到了一位男子，这位男子主动提出要带玛利亚去女士招待所，玛利亚便跟着男子走了。后来男子要求玛利亚随他穿过公园走捷径，玛利亚听说过杜塞尔多夫吸血鬼，于是就拒绝了。就在男子准备对玛利亚下手的时候，库尔滕出现了，他拯救了玛利亚。

　　库尔滕就邀请玛利亚去自己家，此时的玛利亚很累也很饿，再加上库尔滕帮助过她，所以她就放下警惕去库尔滕家里过夜。但当玛利亚到了库尔滕家中后，突然改变了主意，因为她觉得库尔滕准备对她图谋不轨，于是就提出要离开。库尔滕居然爽快地答应了，并且承诺会给玛利亚找一家廉价旅馆。在途中，库尔滕和玛利亚需要穿过一片树林，此时库尔滕也不再装绅士了，借着树林的掩护，强奸了玛利亚。

　　完事后，库尔滕没有杀死玛利亚，而是选择把玛利亚送到电车上。但库尔滕没有陪玛利亚上车，因为车上有警察。玛利亚之所以能从库尔滕的魔掌下逃命，一方面是因为她在被强奸的时候没有反抗，库尔滕就觉得没必要杀死她。另一方面是因为库尔滕觉得玛利亚就是头脑简单的女人，不会记住自己家的位置。

　　但让库尔滕吃惊的是，玛利亚不仅记住了库尔滕的居住地址，还让库尔滕因强奸罪被捕。因为库尔滕是个有前科的人，所以这次他会坐15年的牢。但此时，库尔滕却想主动交代杀人的罪行，并且希望妻子能控告自己，这样可以让妻子获得高额的奖金。

　　当库尔滕把所有的罪行向妻子老实交代之后，就开始说服妻子去控告自己，并且对妻子说她这么做是为正义事业做贡献，并不是背叛丈夫的行为。舒尔特在听了库尔滕的话后十分伤心，说自己的生活从此将会变得毫无意义，并让库尔滕自杀，还说自己也会自杀。但最终，舒尔特被库尔滕说服了，同意了库尔滕的建议，但库尔滕得保证不会自杀。在送走报警的妻子后，库尔滕回到了家中，然后倒头大睡。

1930 年 5 月 24 日，全副武装的警察在教堂外面发现了库尔滕。库尔滕看到警察后，显得十分平静，在走近警察之后，库尔滕甚至还安慰警察，让警察不要害怕。

和许多连环杀手一样，童年时期的库尔滕也是受害者。他的父亲是个十分暴力的人，总是虐待 8 个孩子，还会当着孩子的面强奸他们的母亲，库尔滕后来这样评价父母的夫妻生活："如果他们没有结婚，那根本就是强奸。"后来，库尔滕的父亲甚至还和女儿发生了乱伦关系。尽管库尔滕十分不耻父亲的行为，但他后来也变成了像父亲那样的人，甚至强奸了 13 岁的姐姐。

在库尔滕 9 岁时，认识了一位捕狗人，这个人也是个虐待狂，他所虐待的对象是狗，总会当着库尔滕的面变着花样虐待狗。那时年幼的库尔滕不仅不觉得这种行为有什么不对，还对虐待更有兴趣了。就这样，两个虐待狂成了好朋友。

一个星期后，库尔滕和两个同校的男孩在莱茵河上玩耍。库尔滕对其中一个男孩下手，想要淹死他，另一个男孩看到后就想去救，结果也被库尔滕淹死了。除了杀死同伴外，库尔滕还喜欢和羊交配，在交配的过程中，库尔滕会不停地用刀刺向羊，因为这样所带来的快感会更加强烈，此时库尔滕已经把性和暴力联系在一起了。

最终，库尔滕被判处死刑，他将会被砍头。在执行死刑前，1932 年 7 月 2 日，库尔滕接受了心理学家卡尔·伯格博士的采访。伯格本以为自己会看到一个精神错乱的疯子，因为伯格在精神病院所看到的变态狂就是这样的。但是伯格却看到了一位绅士，一个身着燕尾服，还带着礼貌笑容的绅士。伯格甚至有一瞬间的恍惚，他不太相信面前这个绅士就是传说中的杜塞尔多夫吸血鬼。

接下来，库尔滕便和伯格进行了深入的交谈。库尔滕的条理很清晰，和疯子相反。此外，库尔滕的惊人记忆力也让伯格非常吃惊，因为库尔滕不仅能记起自己所犯下的 79 起案件，甚至连案件细节也能一一陈述。

在被砍头之前，执法人员问库尔滕有什么遗言，库尔滕说："你能告诉我，在我头颅被砍掉的那一瞬间我能听到血液从脖子中喷涌而出的声音吗？如果能的话，就太好了，死前也能感受到兴奋和快乐。"

【犯罪心理分析】

在与伯格博士的交谈中，库尔滕提到自己杀人是为了宣泄内心的压力。此外，库尔滕还表示自己很喜欢幻想和回忆杀人细节，这在别人看来虽然毛骨悚然，但对库尔滕来说却是异常兴奋的。伯格博士认为，库尔滕杀人实际上是为了获得性满足，通过杀人来获得快感。每当库尔滕在性方面得不到满足时，就会想要杀人。

最终伯格博士给出了一个结论，即库尔滕并不是精神错乱者，不然也不会犯下那么多谋杀案而没有被抓到，但库尔滕绝不可能是个正常人，他就是个精神变态者。

如果不是库尔滕自己主动投案，那么或许他可以永远逍遥法外。在伯格博士看来，库尔滕是个极度以自我为中心的人，不会轻易地和别人交流思想，也不会爱任何人，只会不停地毁灭。但库尔滕却很爱自己的妻子，最后还让妻子得到了一笔奖金。当然或许库尔滕还有另外一种动机，即厌倦了杀人。当连环杀手无法再从杀人中获得自我满足时，就会主动放弃谋杀。这时，连环杀手要么选择销声匿迹，要么选择自杀，当然向警察自首也经常被选择，显然库尔滕选择了后者。

当伯格博士问到，库尔滕是否会为杀人行为感到内疚时，库尔滕回答说："不会。尽管所有的人都在指责我，并说我是杜塞尔多夫的吸血鬼，但我不觉得自己做错了什么。我的所作所为都是对不公平的报复，我也遭受了许多不公平的待遇，这些不公平让我丧失了人类的情感，我已经没有了心，何来同情心？"